NIVEL 5

COLECCIÓN **LEER EN ESPAÑOL**

Aire de Mar en Gádor

Pedro Sorela

SANTILLANA
ESPAÑOL

**Universidad
de Salamanca**

La colección LEER EN ESPAÑOL ha sido concebida, creada y diseñada por el Departamento de Idiomas de Santillana Educación, S. L.

La adaptación de la obra *Aire de Mar en Gádor*, de Pedro Sorela, para el Nivel 5 de esta colección, es de Ana María Reyes Cano.

Edición 1997
Coordinación editorial: **Elena Moreno**
Dirección editorial: **Silvia Courtier**

Edición 2008
Dirección y coordinación del proyecto: **Aurora Martín de Santa Olalla**
Edición: **Aurora Martín de Santa Olalla, Begoña Pego**
Dirección de arte: **José Crespo**
Proyecto gráfico: **Carrió/Sánchez/Lacasta**
Ilustración: **Jorge Fabián González**
Jefa de proyecto: **Rosa Marín**
Coordinación de ilustración: **Carlos Aguilera**
Jefe de desarrollo de proyecto: **Javier Tejeda**
Desarrollo gráfico: **Rosa Barriga, José Luis García, Raúl de Andrés**
Dirección técnica: **Ángel García**
Coordinación técnica: **Fernando Carmona**
Confección y montaje: **Marisa Valbuena, María Delgado**
Cartografía: **José Luis Gil, Belén Hernández, José Manuel Solano**
Corrección: **Gerardo Z. García, Nuria del Peso, Cristina Durán**
Documentación y selección de fotografías: **Mercedes Barcenilla**
Fotografías: **Archivo Santillana**

© 1989 by Pedro Sorela

© 1997 by Grupo Santillana de Ediciones, S. A.

© 2008 Santillana Educación
Torrelaguna, 60. 28043 Madrid

Dados Internacionais de Catalogação na Publicação (CIP)
(Câmara Brasileira do Livro, SP, Brasil)

Sorela, Pedro, 1951- .
Aire de Mar en Gádor / Pedro Sorela. --
São Paulo : Moderna, 2013. -- (Colección Leer en Español)

1. Ficção espanhola I. Título. II. Série.

13-13476   CDD-863

Índices para catálogo sistemático:
1. Ficção : Literatura espanhola 863

En coedición con Ediciones de la Universidad de Salamanca

ISBN: 978-85-16-09141-5
CP: 921012

Reprodução proibida. Art. 184 do Código Penal e Lei 9.610 de 19 de fevereiro de 1998.

Reservados todos los derechos.

SANTILLANA ESPAÑOL
EDITORA MODERNA LTDA.
Rua Padre Adelino, 758 — Belenzinho
São Paulo — SP — Brasil — CEP 03303-904
Central de atendimento ao usuário: 0800 771 8181
www.santillana.com.br
2016
Impresso no Brasil

Quedan rigurosamente prohibidas, sin la autorización escrita de los titulares del «Copyright», bajo las sanciones establecidas en las leyes, la reproducción total o parcial de esta obra por cualquier medio o procedimiento, comprendidos la reprografía y el tratamiento informático, y la distribución de ejemplares de ella mediante alquiler o préstamo públicos.

Pedro Sorela nació en 1951 en Bogotá, hijo de padre español y madre colombiana. Ha vivido en varios países y tiene familia inmediata en seis. Es profesor en la Facultad de Ciencias de la Información de la Universidad de Madrid y escribe en las páginas culturales del periódico El País. *Antes dirigió grupos independientes de teatro en obras de las que él mismo era autor, como* El Príncipe que viene de la anarquía *o* A la intemperie.

Entre sus obras encontramos un ensayo sobre la producción periodística de Gabriel García Márquez, titulado El otro García Márquez *(1988) y cuatro novelas:* Aire de Mar en Gádor *(1989),* Huellas del actor en peligro *(1990),* Fin del viento *(1994) y* Viajes de Niebla *(1997).*

En Aire de Mar en Gádor, *su primera novela —«de asombrosa brillantez», según Stephen Vizinczey en* The Observer–, *Pedro Sorela presenta, con un estilo muy personal, a unos personajes realmente originales. Sus vidas aparecen y desaparecen a lo largo de la obra para terminar uniéndose en ese espacio utópico que es Gádor, dominado por la imaginación y la nostalgia, la sorpresa y el amor. Algunos de sus temas, como los conflictos de intereses en el mundo periodístico o la influencia de los medios de comunicación en la sociedad, hacen de* Aire de Mar en Gádor *una obra de gran actualidad.*

L**A** ruina que desde hacía un par de siglos se escondía en los números del banco, decidió presentarse sin avisar al final de septiembre y obligó a Rodrigo a vender el lago. Ya no había dinero y, en un primer intento de vender los cisnes[1], Rodrigo descubrió una triste verdad: ya no había tampoco lagos para cisnes. Así que la única solución fue entregar el lago para que una empresa sin nombre construyera en él un edificio sin nombre.

El día de la venta fue también el de la primera tormenta del otoño, que sorprendió a Rodrigo intentando aparcar el viejo Packard en la ciudad, y a Mar cogiendo cisnes en el lago. Mar lloró antes de alcanzar el último de ellos y sintió no haber querido ir con Rodrigo a firmar la venta cuando llevó los cisnes a su nueva casa, en un rincón del jardín: después de haber nadado libremente durante tantos años, no parecían comprender las aves ese extraño cambio, del que iban a morir pronto.

Ninguno de los dos hermanos quiso aceptar que la tormenta fuese el anuncio de tiempos más difíciles, e intentaron que aquella noche fuera igual que otras mil en Gádor, Rodrigo leyendo cerca del fuego de la chimenea[2] y Mar retirándose a dormir temprano, después de un agradable baño caliente. Repetían sin saberlo costumbres muy antiguas e intentaban defenderse así del tiempo, más por amor al pasado que por miedo al futuro.

Pero no fue la venta del lago la que llenó a Rodrigo de una tristeza que acabó por encerrarlo en la casa, como a un enfermo, sino los pequeños detalles que observó después.

Porque la noticia de su ruina, comentada en voz baja en las fiestas, puso una sonrisa en la cara de muchos. Se alegraron los ricos de familias sin nombre que siempre habían sentido envidia de los apellidos de Rodrigo. Y se alegraron secretamente los últimos aristócratas[3], también arruinados, de recibir a otro compañero en su club. Les parecía así que no eran ellos culpables de su ruina, sino que ésta respondía a algún secreto plan de la Historia.

Rodrigo sintió una gran pena al comprender, y fue pronto, que ni los más profundos sentimientos aguantan la pobreza. No mucho después de la venta del lago, tuvo que obligar a Cóssima, la vieja criada, a aceptar otro trabajo menos cansado y mejor pagado. Le fue difícil convencerla, ya que Cóssima, llorando, se negaba a irse. Y sólo lo consiguió Rodrigo cuando le prometió llamarla si él o Mar se ponían enfermos.

Más que la venta del lago y los comentarios de la gente, fue la marcha de Cóssima, sin despedidas, lo que les dolió a Rodrigo y a Mar. No era la pérdida del lago y de unos cisnes lo que podía hacerles daño, sino ver marchar a una persona que había compartido su vida con ellos desde hacía tanto tiempo.

Cóssima salió un domingo dejando una casa limpia, una cocina ordenada y unas flores blancas en una lata. Su falta se sintió pronto: un débil color gris empezó a pintar los muebles, y con el polvo entró en Gádor una amarga y peligrosísima tristeza.

Rodrigo se envolvió en oscuras ideas que le parecían la única verdad y empezó a leer, uno después de otro, a los grandes pesimistas[4].

Buscaba, más que una explicación sobre la melancolía[5], otras ideas que acompañasen las suyas, feliz al encontrar en aquellos libros su misma nostalgia[6].

Mar intentó también seguir el camino de la filosofía, pero lo dejó al darse cuenta de que aquellos libros sólo le servían para equivocar las pocas ideas claras que tenía en la cabeza. Después, y durante algún tiempo, leyó poesía y eso la ayudó. Pero lentamente las palabras desaparecieron, y cuando ya sólo quedó la música, Mar se encontró sentada al piano, como antes. Para la suave y profunda Mar, la música nuevamente descubierta fue como nacer otra vez, más fuerte, más segura.

Porque Mar no había nacido para vivir conducida por una filosofía o una religión. Tampoco por un carácter, un clima o un marido. Había nacido, y ella lo sabía, para buscarle a la vida una música, el ritmo[7] exacto. Algo que se escondía en casi todos los rincones, y sobre todo, en el interior del piano color vino que vivía desde siempre en la biblioteca de Gádor.

Rodrigo también cambió. No tardó en comprobar que en esos libros que leía sólo había silencio, y tuvo miedo. Decidió entonces seguir buscando una respuesta en los libros que hablaban de Dios, y pasó horas y horas leyendo. Finalmente, con la naturalidad del que ha encontrado la solución o se ha cansado de buscarla, Rodrigo cogió un libro de matemáticas y empezó a estudiar. Aunque nunca le habían gustado los números, descubrió con sorpresa que ahora le interesaban.

Fue Mar la que, de pronto, sintió que llevaba encerrada demasiado tiempo. Su cuerpo necesitó, una mañana gris, caminar, cansarse, y sus ojos, sus ojos quietos, necesitaron ver algo diferente del piano, de los libros, de la pared del jardín. Necesitaron ver gente. Se puso un impermeable –llovía de nuevo–, un pañuelo en la cabeza, y salió a la calle, sin paraguas, a ver la cara de la gente.

No tardó demasiado. Volvió a la hora del té, bastante mojada y con algún color en su pálida cara. Venía cantando una cancioncilla divertida, y a su lado, también cantando, venía un señor, un amigo.

NADIE comprendió que Dimas eligiera ese día para empezar a dibujar en el periódico, sin mucho entusiasmo además. Mientras todos intentaban seguir el ritmo, cada vez más rápido, de las últimas noticias de la tarde, Dimas seguía dibujando.

De pronto, pareció haberlo conseguido. Miró con atención su dibujo, dijo «ya está», y empezó a escribir hasta terminar un artículo[8] que una vez más, al día siguiente, iba a sorprender a la gente.

Y, sin embargo, el artículo de Dimas no estaba fuera de lo normal. De una manera sencilla, Dimas sólo unía cosas que hasta entonces parecían diferentes y eso le hacía comunicarse con el público. Hablando casi de lo mismo que hablan los periódicos, los artículos de Dimas describían un mundo distinto: más increíble, pero más de verdad. Un mundo sentido no sólo con la mente fría del periodista, sino también con la nariz, la boca y las orejas de alguien con ganas de escribirlo todo. Era capaz de desnudar sin engaños la ciudad, el país, de decir la verdad de las cosas.

El público, el gran público de los autobuses, los cafés y las salidas de los cines, recibió con interés los artículos de Dimas. Y *La Crónica del Siglo*, periódico de la tarde, vio subir sus ventas.

Dimas se hizo famoso, pero nadie pudo pagarle nada por ello: ser famoso no le interesaba. No aceptó regalos, ni asistió a cenas importantes, ni quiso por su trabajo más dinero del necesario. Lo único que pidió fue ser libre. Iba al periódico cuando quería, no siempre para escribir; no tenía jefe, aunque aceptaba consejos de todos. Era, sencillamente, Dimas, un nombre sin apellido, del que no se sabía nada.

Tampoco se sabía si había alguna mujer en su vida. Aunque en el periódico tanto el director como Paloma creían adivinar una lejana historia de amor en sus ojos tristes.

Paloma. Paloma tenía mucho cuidado de esconder sus sentimientos por Dimas cuando éste aparecía con su sonrisa, su silencio y su soledad[9]. Paloma intentaba no mirarle los ojos ni, sobre todo, la tristeza. Intentaba ser fría con él, como lo era con todos en su despacho[10] de redactora jefe[11], pero no siempre era fácil. A veces, Dimas le pedía su opinión sobre cosas peligrosas, un color, un defecto, un viaje en coche por una carretera oscura. Parecía entonces que quería llegar lejos con ella. Empezar hablando sobre el viento y terminar opinando sobre la soledad y el amor, los temas que conducen al lenguaje de los labios y los cuerpos... pero no. Dimas escuchaba la respuesta de Paloma y se iba, no hablaba más.

Pobre Paloma. Buscaba al día siguiente un rastro de sí misma en el artículo de Dimas, esperando no verlo, pero también encontrarlo.

El director quiso conocer la vida de Dimas, su pasado, descubrir algún secreto. Sin embargo, Dimas no tenía ningún punto débil. Su vida era demasiado clara: unos padres –gente de campo–, un hermano menor. Y el director comprendió que la melancolía de Dimas era, de momento, la única clave de su pasado. Comprendió también –lo sabía desde siempre– que todo aquello que no se entiende es peligroso.

A**LGO** debió de cambiar durante el verano, porque cuando África volvió a la universidad no vio brillar el otoño en los rojos y amarillos árboles del campus. Eran esos días que África iba a recordar, tiempo después, como el principio de una nueva vida. Aunque en ese momento, al empezar el nuevo curso, sólo sentía que se estaba aburriendo. Era la primera vez que le ocurría. Y le sorprendió descubrir que nada le interesaba: ni los estudios, ni los nuevos profesores, ni siquiera sus compañeros, que le parecieron mucho más serios que en junio, mucho más preocupados por encontrar trabajo al terminar la carrera.

  Pero después de las primeras semanas, África se dio cuenta de que había algo más profundo que el miedo al futuro en la nueva seriedad de sus compañeros. Y es que África sintió, desde el primer día de clase, que todo el mundo la saludaba con demasiado cariño. Que todos venían a preguntarle, con demasiado interés, cómo le había ido el verano. ¿El verano?... Algo había cambiado durante el verano. Y tanto interés le hizo comprender no sólo que había sido un cambio importante, sino también que éste iba a pesar sobre ella.

Para empezar, en julio habían hecho ministro a su padre. Atrás quedaron los días tranquilos en los que su padre pasaba el tiempo investigando lo ocurrido en los silencios de la Historia, y antes de escribirlo en libros, se lo contaba a los amigos que venían a casa por las noches. Pobre padre. No se dio cuenta de las cosas que perdía con su nuevo trabajo.

Todo cambió en casa: las puertas eran más seguras, los coches más largos y había más teléfonos. Su padre perdió su sonrisa de hombre de muchos amigos. Se le puso una cara seria, lo mismo que a su mujer. Había sido siempre muy divertida. Pero al convertirse en la mujer del ministro debió de cambiarle el carácter y, aceptando su papel de mujer seria e importante, olvidó las ganas de reír, tan naturales en ella. Y ahora, en la universidad, África descubría que ser hija de su padre era para la gente algo más importante que ser ella misma... Le dolió comprobar que todos se le acercaban buscando algo más.

Excepto Sancho. Fue Sancho el que se escondió de ella al volver de sus vacaciones. La saludó, sí, pero tímidamente, y tampoco le preguntó cómo estaba. Era un Sancho diferente. África se sintió herida. Por primera vez descubría claramente el precio que le cobraban por algo que ella no había querido.

Llegó un día peor que los demás y África no aguantó. Cogió su ala delta[12] y salió de la ciudad conduciendo su viejo coche. Buscó la colina[13].

Ni siquiera había comenzado a subir la pequeña carretera de montaña, cuando paró el coche al lado de un árbol y se bajó. Levantó los ojos, allí estaba. África escuchó el viento chocar contra el ala de Sancho, y lo vio a él conduciéndola suavemente por la mañana gris.

Una envidia urgente despertó a África, que se dio prisa en llegar a lo alto de la colina. Pero cuando salió del coche, observó de pronto que el viento se había hecho fuerte y peligroso, y que hacía frío. África sintió miedo, pero al ver a Sancho, sintió que su corazón se paraba. Ni siquiera supo cuándo había comenzado a llover.

Bajo unas nubes cada vez más oscuras, Sancho luchaba contra el viento, que jugaba con él, y lo obligaba a bailar sin ritmo a muchos metros de altura.

Por fin África reaccionó. Se levantó la falda y se quitó una media con cuidado. Su pie izquierdo quedó desnudo. Cogiendo la media por un lado, levantó el brazo. El viento movió la media y descubrió su dirección.

–¡Sanchooo! –gritó enseñándole la media–. ¡Sanchooooo!

El viento lo ayudó a oír a África y dejó que Sancho girara la cabeza para verla. En su mirada había miedo, mucho miedo, pero también placer por ese juego peligroso.

Debió de comprender Sancho, porque cuando África le gritó: «¡Más a la izquierda!», él giró en esa dirección su ala delta. África empezó a bajar la colina. Corría. Sentía las piedras hiriéndole su pie izquierdo, pero no le importaba, sólo esperaba no caerse: entonces no podría seguir. Gritaba a Sancho los cambios en la dirección del viento y seguía corriendo. Sentía tanto miedo y tanta fuerza que habría podido conducir así a Sancho hasta su casa.

No hizo falta. Había bajado unos sesenta metros de colina cuando el viento se calmó. África vio que el ala de Sancho seguía en una sola dirección. Observó a Sancho cada vez más lejos y se sintió muy cansada. Se sentó en una piedra y empezó a tocarse el pie herido, llorando, bajo la lluvia.

El viento movió la media y descubrió su dirección.
—¡Sanchooo! —gritó enseñándole la media—. ¡Sanchooooo!

R̶ODRIGO nunca supo dónde había conocido Mar a Dimas, ni cómo ni por qué. Pero lo cierto es que al poco tiempo de volver de su paseo bajo la lluvia ya estaban los tres cantando y bebiendo, primero té y luego *cognac*. Bebieron mucho y, acompañados de Mar al piano, cantaron alegres cancioncillas sobre soldados y revoluciones[14].

Al llegar la noche, Dimas, Mar y el piano se fueron dirigiendo lentamente hacia músicas más suaves, mientras Rodrigo se quedaba dormido en el sillón. Mar no supo en qué momento exacto de la noche dejó Dimas de cantar, ni cuándo comenzó a salirle a ella de los dedos esa música tan maravillosa. Sorprendida, miraba sus manos sintiendo un gran amor por lo que hacían y por lo bien que lo hacían. Mar no escuchó a Dimas, no pudo escucharlo, cuando se marchó por el jardín, cantando en voz muy baja: «Qué triste estoy, casi me voy».

Esa noche con Dimas cambió algo en la vida sin futuro de Rodrigo y Mar, sobre todo en la de Mar. Al menos Rodrigo se despertó unas horas más tarde con la intención de seguir buscando respuestas en las matemáticas. Pero al poco tiempo de empezar, sintió que se aburría tanto que fue a la biblioteca a por una buena novela policiaca.

No encontró la novela, pero sí un libro sobre jardines. Y desde esa misma noche, Rodrigo trabajó con pasión en el jardín, llevado por el entusiasmo de cambiar el mundo con sus manos.

La vida en Gádor ya no era la misma en esos tiempos. Y no sólo porque Rodrigo había dejado la casa por el parque, sino porque también Mar tenía la casa olvidada y ahora vivía con el piano, en la biblioteca. Porque Mar, después de la primera visita de Dimas a Gádor, la noche que descubrió la maravillosa música que podía nacer de sus manos, no volvió a llevar una vida normal. La suave Mar pasaba horas y horas al lado del piano, con el piano, en el piano sin parar, buscando la música que se le escapaba de los dedos. Buscaba la música de la otra vez, siempre, hasta que sus manos y la espalda le dolían. Entonces, Mar, con niebla en los ojos, se acostaba en el sofá y se dormía, y sonreía a veces, durmiendo, feliz.

Algo cambió ese otoño en Gádor. La casa parecía entregada a su amargo destino, resultado de la pasión de Mar por el piano, por la música, por la música del piano. Una pasión antigua, cierto, pero tan grande y exagerada en esos días que asustaba un poco.

Esa pasión, además del invierno, era como una suave voz que iba a acompañar durante todo el tiempo al edificio que estaban construyendo al fondo del jardín. Una voz que se iba a oír con tristeza cuando la nostalgia se acercó a la casa y se asomó a la ventana.

T ODOS comprendieron que tiempos más oscuros se acercaban a *La Crónica del Siglo*. Periodista con muchos años de profesión, Paloma olió censura[15] en aquel joven vestido de azul oscuro, corbata bien puesta y gafas de metal que el director les presentaba sin un cargo, sin un título específico. Aunque luego les explicó que iba a ocuparse de comprobar las «noticias delicadas[16]», así las llamó el director.

Muy pronto, pequeños y sucios detalles demostraron a todos en el periódico que nadie se había equivocado. Los tiempos de las sombras se habían dado prisa en llegar.

Paloma estaba furiosa, aunque lo ocultaba. Siguió haciendo su trabajo exactamente igual que siempre, mejor aún, y sólo su hija Inés se dio cuenta de sus sentimientos.

Dimas apenas fue por el periódico durante esos días. Escribía poco. Llegaba al periódico a última hora, con el artículo ya escrito, que entregaba a Paloma con una sonrisa más abierta que de costumbre. Su mirada parecía también menos perdida: era la de una persona que ha encontrado ya algo o a la que le falta poco para conseguirlo. Esa tranquilidad recientemente conseguida se dejaba ver en unos artículos tan claros y perfectos que casi eran poesía.

Sentada sobre una piedra de la colina, tocándose el pie herido, y con la vista nublada por la lluvia, África no vio bajar el ala delta de Sancho, que tocó tierra igual que un avión de papel. Se secó los ojos, se levantó y corrió hacia lo alto de la colina y luego hasta el coche. El pie le dolía y se encontraba muy cansada. Cuando por fin vio el ala delta cerca, paró, se tiró del coche y corrió hacia el ala.

–No es nada –le alcanzó a decir Sancho desde el suelo–. Se me ha salido el hombro, pero mi padre sabe arreglarlo. Ya me ha ocurrido otras veces.

Sancho, de camino hacia su casa, se quedó dormido, muy quieto al lado de África, que conducía con cuidado. Sólo una vez abrió la boca, para decir «te falta un zapato». Llovía tanto que la lluvia no dejaba a África ver bien la carretera.

Cuando Sancho comentó «te falta un zapato», África miró la sangre seca de su pie herido; su otra pierna presentaba también pequeñas heridas. Estaba cansada, mojada y le dolía todo el cuerpo, pero se sentía un poco más libre. Cogió la mano de Sancho. No sabía la dirección exacta de su casa, pero ya estaban cerca.

—¿Duele? –le sonrió, intentando animarlo.

—Ahora menos –respondió Sancho, y le explicó por dónde debía salir de la carretera para llegar a su casa.

El padre de Sancho lo curó en seguida. Sin decir nada lo tumbó boca abajo. Estudió el hombro con atención, como aquel que estudia un mapa, y, de repente, lo empujó fuertemente con el pie. Sancho gritó. Ya sin mayor cuidado, el padre lo ayudó a levantarse y después le dio una copa de *cognac*, que Sancho bebió rápidamente. En seguida le volvieron los colores e intentó sonreír.

—Se llama África –dijo–. Cuidadla[17] bien porque es la hija de un ministro.

Semanas después, todavía recordaba África cuánto le habían dolido las palabras que usó Sancho para presentarla en su casa. Esto fue suficiente para romper la confianza nuevamente encontrada en la lluvia, en el viento y en la casualidad a la que África había dado gracias en silencio cuando iban a la casa de Sancho.

La madre de Sancho era una mujer tranquila y alegre. Calentó leche y dejó que Sancho y África bebieran su *cognac* antes de pedirles las ropas mojadas. África sintió vergüenza de su cuerpo cuando se desnudó delante de la madre de Sancho, que esperaba con una manta seca. Le dio vergüenza porque leyó en la mujer esa envidia que sentimos por las cosas preciosas e imposibles. Y África supo que su cuerpo era hermoso porque era joven. Pero sobre todo porque siempre había estado lejos del frío y del calor, de los problemas y tristezas de la vida.

Sin embargo, no había nada triste en aquella casita de madera, sencilla y tranquila como sus dueños. Y, aunque no tenía muchas cosas, no le faltaba nada.

El padre de Sancho era un hombre alegre de ojos vivos. Alrededor de su silla, cerca del fuego, se encontraban tres o cuatro de esos juegos que no acaban nunca. Entre ellos, un ajedrez[18].

África lo miró con interés y se sorprendió al observar que faltaban un rey y todos los peones[19] menos uno. Miró al padre y éste sonrió. «Yo no juego al ajedrez –dijo–. Me pone muy nervioso. Pero los hago. Me gusta.»

África, tímidamente, casi en voz baja, hizo una pregunta sencilla. Fue un error, porque la pregunta no pareció gustar.

–No, no los vendo –respondió el padre–. No sirven, no son de verdad –sonrió tristemente–. Faltan los peones –y explicó–: Me aburre hacer peones.

África sintió esta vez tanta vergüenza que se le paró el corazón un segundo. Buscó ayuda, pero sólo encontró los ojos de Sancho, que se burlaban. Entonces se sintió enfadada, casi furiosa: no quería quedarse aparte, tenía el deseo[20] de compartir todo aquello.

–¿Me regala una pieza[18]? –dijo como pidiendo disculpas–. ¿Me regala un caballo?

Y aunque el hombre no quiso dárselo supo que había hecho bien en pedírselo.

–No –dijo–, no fueron hechos pensando en usted –contestó él con una sonrisa que ahora era cariñosa. Además, los ojos de Sancho ya no se burlaron, sino que parecieron darle las gracias.

Fue una noche extraña para África, aquélla sentada al lado del fuego, con su ropa y la de Sancho puestas a secar en la chimenea. ¿Cómo podía ella imaginarse que iba a estar desnuda enfrente de Sancho, completamente desnuda, sin el miedo de que cayera la manta a cuadros roja y negra que la envolvía?

Se encontraba bien allí, pero sentía que Sancho seguía muy lejos; a pesar del viento, del peligro, del dolor y del fuego, Sancho no se había acercado. Seguía estando lejos Sancho, más que lejos, encerrado en sí mismo, como enfadado desde el verano por alguna causa que ella no conoce.

EL invierno llegó a Gádor y cayó violentamente sobre el jardín. Un viento helado terminó de desnudar los árboles, y cuando se fueron los pájaros, nevó sobre el mundo.

Rodrigo comprendió que no podía seguir trabajando fuera y se metió en la casa con la intención de no salir más. Entró con la cabeza agachada y la espalda rota de dolor, y se tiró en el sillón de la biblioteca cerca del fuego. Entonces escuchó la música del piano, la que sacaba Mar del piano suavemente, como una amante, pero también enérgicamente, como una artista. Escuchó al fin la música que no había dejado de oír durante todo el otoño, pero que no había escuchado, enfermo de pasión por cambiar la tierra. Supo entonces, y sólo entonces empezó a saberlo, que no sólo él era diferente, sino que todo había cambiado en Gádor desde la venta del lago.

Así llegó Rodrigo al fin a una gran verdad: las cosas cambian, lenta, secretamente, un poquito cada siglo. Es necesario aceptarlo y cambiar también o morir para siempre encerrado en la nostalgia. Aquélla era, para Rodrigo, una nueva manera de comprender el tiempo y la Historia. Una nueva manera que creó esa noche en Rodrigo un deseo de cambiarlo todo, de arriba abajo, para encontrar el ritmo del presente.

Inés, la hija de Paloma, empezó a ocuparse de la casa en cuanto vio que su madre tenía mayores preocupaciones. Aprendió a saber lo que faltaba en la nevera; y ni siquiera se quejó cuando tuvo gripe. Se la curó sola, con leche caliente. A la soledad ya estaba acostumbrada, aunque esta vez fue aún peor. Inés se obligó a seguir haciendo los deberes del colegio por las noches y a leer los libros que Paloma le compraba. No protestó ni una sola vez cuando su madre empezó a quedarse todavía más tiempo en el periódico. Sólo esperó, con paciencia de anciana, a que se resolvieran los problemas para volver a pasar los fines de semana con ella.

Porque alguien en el periódico había empezado suave, pero enérgicamente, a hacer daño a Paloma. Tardó tiempo en comprenderlo porque ella, mujer llena de luz, siempre había luchado cara a cara, nunca contra enemigos que atacan en silencio y sin ser vistos. Pues era así. Alguien poderoso, de arriba seguramente, había empezado una guerra[21] contra ella, una guerra de silencios. En *La Crónica del Siglo* comenzó a sentirse un ambiente contrario a Paloma y se dudaba de su probada capacidad profesional.

Cuando al fin la guerra fue algo abierto, Paloma se obligó a aceptar que querían hacerle daño, y sólo entonces intentó saber quién era su enemigo y por qué. En ese momento la guerra ya estaba decidida y Paloma lo sabía. Sin embargo, se defendió como pudo y defendió también a los demás. Incluso a aquellos que ni parecían darse cuenta de lo que ocurría, como Dimas. Dimas llegaba alguna noche con sus artículos llenos de poesía, le sonreía a Paloma con su aspecto distraído y se iba; tardaba en volver. Paloma lo defendió cuando, en una de las reuniones, como por casualidad, el director dijo que se habían quejado algunos lectores. Y después, con su sonrisita y su fría mirada detrás de las gafas de metal, Eme explicó entonces que a la gente ya no le interesaban los artículos de Dimas.

Paloma defendió a Dimas esa tarde, sabiendo que aquello no era más que una pequeña lucha y que todavía quedaba lo peor.

Ella tenía una clara idea de la vida como viaje, y de la muerte sólo temía lo que ella llamaba la muerte en vida: quedarse para siempre sentada en el sofá de un cuarto de estar con televisión; tener como único objetivo el sueldo de final de mes; vestirse igual que los demás, sin rebeldía[22].

Paloma tenía tanto miedo de esa muerte que le hacía buscar las guerras, el riesgo y el dolor; esos momentos sin futuro en los que los hombres descubren el precio de la vida. Por eso se había metido a trabajar en *La Crónica* como corresponsal de guerra[23], porque creyó que un periódico es algo así como un aeropuerto del que se sale para describir la vida.

Hasta que la vida nació en ella y supo que tenía que marcharse para darle su oportunidad... Fue un soldado, un soldado enemigo. Los dos estaban solos, rodeados de muertos; se encontraban en el fin, o al menos cerca del fin. Fue una historia de amor rápida que nunca olvidaron. Unas semanas más tarde, en otra guerra, un médico encontró tiempo para descubrir vida entre tanta muerte y se lo dijo a Paloma... Se paró pues, Paloma, en su viaje, y soltó al mundo una vida que tenía los ojos azules de su padre y el pelo negro y suave de su madre. La llamó Inés.

Y cuando ya sólo faltaba la mitad del tiempo necesario para que su hija pudiera tomar sus decisiones, Paloma se encontró otra vez en medio de la guerra. Se encontró con el viejo problema de tener que luchar con las cosas para colocarlas en su sitio, o escapar y mentir: mentirse a sí misma para vivir tranquila.

NINGUNO de los dos quiso volar en los días que siguieron ni se volvieron a encontrar en varias semanas, y no sólo fue por la casualidad. Del día que Sancho la llevó a su casa, África guardó un recuerdo a trozos que le venía a la mente cuando menos se lo esperaba. Había momentos llenos de luz, como el recuerdo del padre de Sancho y sus piezas de ajedrez. Pero otras veces se veía a sí misma, en blanco y negro, conduciendo a gritos el ala delta a través del viento. O se acordaba de nuevo de la fría distancia que se había abierto entre ella y Sancho en la casita, frente al fuego, aunque los dos sabían que estaban desnudos bajo sus mantas. Sobre todo, éste era el recuerdo que África quería olvidar, porque calentaba su cuerpo con una vergüenza que casi le dolía.

África no volvió a la colina, pero tampoco volvió a clase. Algo debió de ocurrir porque, de pronto, ya no aguantó ni los libros, ni a los profesores, ni el falso interés de sus compañeros. Y, un buen día, África, una de las mejores estudiantes de la universidad, decidió no ir más a clase y se quedó tomando el sol en el jardín. Creyó, África, que su rebeldía significaba que era libre y que podía elegir. Claro está, se equivocaba. La verdad es que África se escondía, escapaba de aquella luz que había visto en casa de Sancho. Una luz tan viva que África quiso seguir estando, como hasta entonces, ciega. Intentó olvidar lo que había visto: un mundo diferente que la obligaba a dudar del suyo.

Así, con el único motivo de escapar de sí misma, África se entregó con gran entusiasmo a las fiestas, reuniones y conciertos de los nuevos amigos de sus padres. Pero tampoco era aquel un mundo para África: tenía demasiadas ganas de vivir, era demasiado sencilla y natural. Era distinta. Le gustaba bailar, pero sin zapatos, y si podía ser, suelta, para sentir la música directamente. Y, a veces, llevaba gente muy rara a las fiestas. Como aquel Guido, con el que jugó, en medio de una reunión, una larga partida[24] de ajedrez.

África era distinta y, aunque al principio se la había recibido muy bien por ser alguien especial, empezaba a serlo demasiado; más que sencilla era revolucionaria.

Porque África no quiso o no supo quedarse tranquila en aquella vida de éxitos fáciles. La risa nerviosa con la que intentaba esconderse de sí misma la llevó frecuentemente a otros sitios, otras gentes. Fue en el bar Londres donde encontró a Guido y se despertó en ella la pasión por el ajedrez. Esa pasión con la que intentaba matar su pena. Aunque África no obedeció del todo a su pasión: no intentó hacer piezas de ajedrez como hacía el padre de Sancho. No, África no reconoció hasta ese punto que el recuerdo de aquella noche la seguía a todas partes.

PERO Rodrigo no sintió del todo el frío del invierno y de la ruina hasta ver una tarde a Mar, envuelta en mantas, temblando sobre el piano. Ni la venta del lago ni la falta de Cóssima le dolieron tanto como ver esa pobreza. Furioso, salió al parque y cortó el primer árbol que encontró.

Las chimeneas de Gádor, todas las chimeneas estuvieron encendidas durante la noche. Calentaron un poco las manos de Mar, aunque no pudieron calmar a Rodrigo. Éste, en lugar de ahorrar, intentaba que la casa tuviera un calor exagerado, para lo que quemó todo el árbol. Y cuando llegó el nuevo día y con él otra vez el frío, Rodrigo cortó otro árbol.

Ese invierno fue duro e hizo aún más dura la pobreza que sufrían muchos; una pobreza que había empezado no se sabía muy bien cómo y en la que la ruina de Rodrigo era sólo una pequeña parte. La gente no salía para no gastar dinero. Mientras, llegaba un frío, más profundo que el invierno, que venía del fondo del tiempo. Era, en realidad, el tiempo pasado que volvía.

Con una nostalgia de tiempos más dulces que no habían vivido, pero les habían contado, muchos jóvenes empezaron a vestirse y a pensar como sus padres y abuelos años atrás.

Sin embargo, no todo luchaba contra la vida. Allí y aquí se podía sentir que el tiempo no había cambiado de dirección y, aunque escondido, seguía andando. Así, Dimas escribió artículos que iban en contra de la opinión del momento, y enseñaban la dirección correcta. Eran artículos llenos de rebeldía porque eran sencillos y naturales. Contaban pequeñas historias de amor y muerte. Y al describir cómo la vida seguía su camino, en ese tiempo que quería volver atrás, sus historias preocuparon a los amantes de la nostalgia. Sólo había un secreto en las historias de Dimas, todas ciertas, y era de dónde las sacaba. Rodrigo se lo preguntó un día, mientras Mar servía el té en Gádor. Le preguntó cómo conseguía conocer esas historias, y Dimas respondió «no son tantas», para pasar en seguida a decir que el té estaba muy bueno.

Quién sabe qué fue lo que vio Dimas en Gádor durante aquella noche de lluvia, cuando apareció con Mar, y juntos cantaron sencillas cancioncillas alrededor del piano rojo. Desde entonces Dimas aparecía frecuentemente por la casa llevando siempre su abrigo verde. Aunque Rodrigo y Mar estaban cada vez más solos y más lejos de una ciudad que les parecía enormemente agresiva, Dimas era siempre bien recibido en Gádor, y no sólo por su voz tranquila. Su conversación fue cada vez más importante para Rodrigo y, sin saberlo ninguno de los dos, Dimas se hizo su maestro, o más bien su guía.

Porque desde aquella noche en que comprendió que estaba enfermo de nostalgia, Rodrigo luchaba por comprender su tiempo aunque no sabía muy bien cómo empezar. Por eso recibía a una tímida sonrisa y en seguida le hacía mil preguntas, esperando descubrir en él alguna solución a los problemas del siglo. Naturalmente los resultados fueron muy pocos. No era posible sacar de Dimas las ideas importantes para comprender el siglo porque éstas no existían.

Rodrigo empezó también a investigarse a sí mismo a través de todo aquello que lo rodeaba en Gádor. Creía que en el parque, en los retratos y en los armarios se encontraban muchos aspectos de sí mismo, que no le permitían vivir en su tiempo. Entonces llevaba los muebles de un sitio a otro, cambiaba cuadros de lugar, rompiendo el orden en que habían estado durante años.

A Mar le parecieron bien los cambios, aunque estaba tan cansada de andar buscando la comida más barata por los mercados de las afueras de la ciudad que no pudo alegrarse. Pensó con esperanza que tal vez así a Rodrigo se le calmaría la tristeza que le veía en los ojos. Esa tristeza que sintió desde el día que se marchó Cóssima y vendieron los cisnes.

LA *Crónica del Siglo* no había sido nunca un periódico demasiado agresivo hasta el día en que sacó el editorial[25] «Contra los pantalones en las mujeres».

Vinieron después otros artículos parecidos, con otras tantas guerras increíbles. Artículos que sorprendieron a Paloma y que le dieron ganas de preguntarle al director: «¿Qué significa esto?».

Pero hacía ya tiempo que Paloma sólo conocía los artículos y editoriales al día siguiente, con los lectores. Ya no pasaban por su mesa, como antes, y la opinión de Paloma había dejado de importar en el periódico. Sólo Dimas siguió llevándole sus artículos en mano. El miércoles por la noche apareció en silencio por la oficina. Se acercó a la mesa de Paloma y dejó dos páginas sobre la máquina de escribir, mientras Paloma, de espaldas, hablaba por teléfono. Se marchó sin decirle nada a nadie.

Paloma empezó a temblar al leer, con melancolía, aquel artículo de Dimas, especialmente triste. Sobre todo, porque esa misma tarde, cuando llegó, se había dado cuenta, por primera vez, de que la oficina estaba muy vieja. En realidad, todo el periódico lo estaba.

Era ya la hora en que, decididas las noticias que deben aparecer al día siguiente, sólo una información muy importante puede cambiarlas.

Paloma se dio prisa en acabar de leer el artículo de Dimas, más por buscarle un detalle personal que un defecto. Ella misma fue a los talleres para, bajo su responsabilidad[26], poner el artículo de Dimas en lugar de otro que hablaba del presidente del gobierno.

Cuando acabó, eran ya las dos del jueves. Había algo en la noche que le hizo sentir que se estaba despidiendo. Sólo cuando llegó a un semáforo en rojo y miró alrededor, se dio cuenta de que no había comido nada en todo el día. Pensó entonces que el hambre tenía la culpa de aquellos extraños sentimientos.

No se acordó de que en su casa había queso y frutas frescas, y si lo hizo, no debió de ser ésa la solución que buscaba. Una hora después, en los brazos de un joven delgado, recordó otra vez que no había comido, pero ya no le importó. Un primer whisky la ayudó a olvidarse de *La Crónica*; un segundo, a bailar con ese chico de pelo rizado en aquella discoteca vacía. Lentamente, Paloma y el joven se acercaron, se entendieron, hablaron en silencio. Y cuando Paloma levantó la cara, encontró una boca suave, tímida como la suya. Supo que el joven estaba tan solo como ella, quizá más. No conocían sus nombres, ni habían visto aún de qué color tenían los ojos; pero allí donde iban, llegaban juntos. La noche era larga...

Sólo en la habitación del hotel se vieron por primera vez y se sintieron tímidos, sin saber qué hacer. El calor del baile quedaba lejos. Paloma se quitó el abrigo y quiso quitarse la blusa. «Todavía no», dijo el joven. Se miraron y el miedo desapareció. Lentamente, se ayudaron a desnudarse, sin prisas, viviendo el momento. A la luz de una lámpara de hotel que creaba[27] sombras en sus cuerpos consiguieron ir mucho más lejos del baile, de los besos, de los abrazos. Anduvieron juntos un camino sin distancias, que los llevó por fin al descanso.

FUE en una de esas fiestas en una embajada[28] donde África volvió a ver a Sancho. Porque el destino existe, ¿cómo negarlo?, pero es difícil no equivocarse y llamarlo casualidad. Quizá son lo mismo, no importa demasiado. El hecho es que África volvió a ver a Sancho en una fiesta aburrida donde un montón de embajadores[28] discutían los problemas del mundo.

La fiesta no era tan terrible si se la miraba con ojos fríos. Camareros elegantemente vestidos ofrecían comida cara y buen vino. Pero África se aburría enormemente. Delante de ella, un hombre ridículo, gordo y calvo, hablaba y movía las manos sin parar, preguntándole, de vez en cuando, su opinión con un «¿no es cierto?».

Era un hombre que llamaba la atención. Parecía llevar el traje de su hermano menor, y su manera de hablar recordaba la de tantos idiomas que podía ser de cualquier país. Por eso tenía cerca a tantos embajadores, intentando descubrir su nacionalidad.

Cuando los camareros avisaron de que la cena estaba preparada, todos fueron hacia el comedor, y se olvidaron del hombre extraño. La duda llegó con los postres. ¿Era ese hombre un invitado? Los embajadores lo buscaron y no lo encontraron. No estaba; había desaparecido de la mesa; nadie lo había vuelto a ver desde que fue hacia el comedor. África sí lo había visto, aunque no se lo preguntaron. Divertida y algo sorprendida observó cómo en vez de entrar en el comedor, como todos los demás invitados, el hombre extraño se había quedado en un rincón. Esperó un momento, abrió la puerta y se marchó. África salió también. Fuera, el frío la envolvió, pero no tuvo tiempo de pensarlo mucho. Al fondo algo se movió en la casita del jardín. Se acercó. Llegó a tiempo de ver al hombre desnudándose. Pero ni era gordo, ni estaba calvo, ni era ridículo. Era sólo un joven delgado, de pelo suave y rizado, con una risa que le bailaba en la cara. Era Sancho. África tembló al verlo desnudo: su cuerpo era delgado, pero duro como el metal. Y dejó de sentir el abrazo del frío para sentir por dentro un calor casi olvidado. Quiso llamarlo, pero no se atrevió y en el último momento volvió a la casa.

África ya no pudo reaccionar como debía hacerlo la hija de un ministro. Se sentó en el suelo del salón. Necesitaba pensar. No entendía qué había hecho Sancho ni por qué. No lo entendía, sobre todo, porque no era ésa la idea que tenía de la personalidad de Sancho. Siempre le había parecido callado y tímido. No había en él nada revolucionario, excepto quizá algunas de sus costumbres, como la de leer el periódico. Porque Sancho leía periódicos. Muchos periódicos. Y en la conversación con el hombre extraño se había hablado de periódicos. No recordaba de qué exactamente, pero estaba segura. Tenía que preguntar a su padre qué había dicho el hombre sobre los periódicos.

No pudo hacerlo. Se acercaba ya al grupo en el que su padre fumaba un puro entre grandes risas, cuando ocurrió: un joven rubio con gafas de imbécil entró en la habitación. Chocó con una señora, la señora cayó sobre una bandeja y tiró las tazas y el café. Un desastre.

Después de un momento de silencio, le preguntaron quién era y quién lo había invitado. «Yo... Yo soy Thomas Beckett[29]», respondió. Su cara se alegró al ver a África: «Ella. Ella me ha invitado». Y, delante de los sorprendidos embajadores, África saludó al joven diciendo: «¿Cómo estás, Beckett?», mientras Sancho le besaba la mano.

CUANDO Eme leyó aquel jueves el artículo de Dimas, decidió que ya había llegado el momento de devolverle el buen nombre al periódico. Aunque era un hombre ordenado, decidió enfadarse –era necesario– y llamó al director. Fue éste el que, con sonrisa nerviosa, se lo dijo a Paloma: desde ese momento Dimas sólo debería escribir los viernes, no cuando él quisiera. Paloma observó que comenzaba a nevar en la ventana del director. La nieve caía sobre su cabeza blanca. Había cambiado de gafas, ahora usaba unas de metal, casi cuadradas, que le daban un aspecto de persona capaz y segura.
–Historias de hoy, ésas son las que valen. Nada de historias con doble significado. El público no las entiende –explicó; sonreía–. Y para hacernos más fácil el trabajo a todos, Dimas deberá entregar sus artículos desde el lunes. A ti, Paloma, si él quiere, aunque me gustaría verlos el mismo lunes, ya sabes, me encanta cómo escribe este chico.
Paloma se preguntaba cómo había podido saber el director que esas nuevas órdenes y no otras eran las que, exactamente, Dimas no aceptaría nunca.
No tuvo fuerzas para dejarse invitar a comer por el director, así que salió del periódico y caminó hasta un parque.

Pasó un poco de tiempo hasta que el frío la ayudó a verlo todo claro: aquello era el fin, el golpe final que esperaba desde hacía tanto tiempo.

En el parque vacío, Paloma empezó a recordar momentos oscuros que nunca tuvieron importancia; conversaciones en el periódico, palabras sueltas que ahora se unían hasta tener un significado completo. Y comprendió. Comprendió que Dimas y ella misma eran un problema para alguien... Para Eme –ahora lo sabía, como se sabe que un hombre ha sufrido, o que otro tiene dinero–. Lo único que no supo comprender fue por qué.

A las cinco de la tarde la oficina estaba llena de gente con prisa. El ruido de las voces y las máquinas de escribir había llegado al máximo cuando Paloma, mirando el teléfono, se dijo una vez más que tenía que contarle a Dimas su conversación con el director. Dimas debía elegir. Ella también, ya lo había hecho, se iba a marchar del periódico.

Sancho, esa mañana, la había llamado de nuevo después de despedirse. Ella volvió a su lado. Él la cogió entre sus brazos. «Ya estás nerviosa otra vez», le dijo. Y era verdad. Esa mañana, mientras se vestía iba recordando su vida –el periódico, Inés, el invierno, Eme– y se iba poniendo nerviosa. Por lo menos tan nerviosa como ahora, a las cinco y media en el jaleo de la tarde. Y es que no quería decidir nada, la pobre Paloma, ni anoche ni esa tarde. No quería decidir nada, marcharse, avisar a Dimas. Tenía miedo.

Aire de Mar en Gádor

El ruido de las voces había llegado al máximo cuando Paloma se dijo que tenía que contarle a Dimas su conversación con el director.

Sólo después de haber cruzado varias calles de esa elegante esquina de la ciudad –la tranquila esquina que hay en todas las ciudades para las embajadas y otros clubs–, se dieron cuenta de que hacía frío. Se dieron cuenta, además, porque África, con las prisas, se había dejado el abrigo en la fiesta. Sancho se paró, se quitó la enorme chaqueta de Thomas Beckett y tapó con ella los hombros de la joven.

No dejaba de tener belleza esa madrugada de domingo cuando al poco de salir Sancho y África de la embajada, el cielo se decidió a dejar caer la nieve. Era una nieve llena de luz que recibieron los pocos que aún quedaban despiertos. La mayor parte de la gente había caído ya, delante de la televisión, dormida por un programa más aburrido que de costumbre.

Sancho no respondió cuando África le dijo: «¿Qué tal tu hombro?», por decir algo. África se sentía tímida, como siempre con Sancho, y no se decidía a preguntarle por qué había aparecido en la fiesta vestido de esa manera que le hacía tan gordo. Ni por qué había vuelto a por ella bajo la personalidad de Thomas Beckett. Sancho parecía preocupado, como si tuviera algo que decir, pero tampoco se atreviera a hacerlo. «No se podría volar con este tiempo», comentó después de un rato, y sonrió abiertamente.

Quién sabe por qué, la sonrisa de Sancho despertó en África el recuerdo limpio del cuerpo desnudo del joven en la casita del jardín. Y ese recuerdo empujó a África a hacer lo que había querido muchas veces sin decidirse. Se acercó a Sancho y le robó un beso de sus labios fríos.

África no había tenido nunca que esperar a besar a un hombre y, por eso, aquel beso frío se le metió dentro como algo extraño. Lo que África no podía saber es que Sancho tenía aún en la memoria un recuerdo. El recuerdo de sus manos en la blusa de Paloma, del suave olor de Paloma, de la conversación llena de silencios de Paloma. El cuerpo, los ojos nerviosos de Paloma lo seguían en aquella noche de frío blanco sin dejarlo mirar a su alrededor.

—Lo siento —dijo África, aunque no lo sentía, sólo pedía ayuda.

—No hay nada que sentir —dijo Sancho después y, acordándose de algo, buscó en su bolsillo—, toma. Me han dado esto para ti.

África pensó mucho los días siguientes. Desde esa misma madrugada buscó una y otra vez en su memoria hasta descubrir recuerdos de los que hasta entonces se había olvidado. Fue así como se acordó de que Sancho siempre iba a la universidad con un periódico bajo el brazo. Y fue éste el camino que eligió la casualidad para que África llegara hasta Paloma.

De momento cogió el paquete que le daba Sancho, un paquete pequeñito que había sacado del bolsillo. Era un caballo. Un caballo blanco, suave, que la miró con sus ojos de madera negra. Y una nota. África la leyó sin preocuparse de la nieve que mojaba las palabras: «Acéptelo. Lo hice pensando en usted».

Cuando se dio la vuelta ya era tarde. Sancho ya iba por la esquina, con las manos en los bolsillos. Ya era tarde. Había sido tarde desde que África se equivocó de día y de historia. Era tarde cuando le cortó con un beso en la boca la explicación de por qué había ido a buscarla a la embajada vestido de Thomas Beckett.

    Tampoco Sancho sabía muy bien por qué lo había hecho. No sabía apenas nada esa noche. Estaba confundido por los recuerdos: una mujer, un baile, una conversación llena de silencios. Sancho caminó mucho tiempo bajo la nieve, intentando recordar. En una ocasión quiso parar un taxi, pero el coche siguió su camino. Y ya cuando llegaba el nuevo día se quedó un momento enfrente de un portal de piedra con un nombre que le gustó: Gádor. En las semanas siguientes no pudo organizar los distintos momentos de esa noche. Sólo pudo acordarse del nombre que Paloma había pronunciado sin saberlo cuando se quedó dormida entre sus brazos: «Dimas... Dimas...».

DIMAS tenía tanta memoria que podía repetir casi cualquier cosa que había leído antes. Y si ayudó a Rodrigo a entender mejor los siglos XVIII y XIX lo hizo por su misma naturaleza de periodista curioso que necesita conocer cómo terminarán los hechos.

—¿Sabes? —le comentó en una ocasión Dimas a Rodrigo, con tanta seguridad que parecía haber estado allí–, el día que tomaron La Bastilla[30], el pan estaba más caro que nunca y en la cárcel sólo había un pobre hombre.

Esta memoria exacta de Dimas interesó muchísimo a Rodrigo porque era lo que había estado buscando sin éxito por todos los rincones de Gádor, primero, y en los libros de la biblioteca, después. Éstos hablaban de reyes, de guerras, de armas... pero no decían nada del color de los ojos de la gente, ni de si hacía sol o hambre. Dimas, sí. Dimas podía hablar horas enteras de esos pequeños detalles tan importantes. Por eso, Dimas se hizo cada vez más necesario en Gádor.

Y es que Dimas no era sólo un testigo de la Historia para Rodrigo, que hizo todo lo que pudo para guardarlo como un libro precioso. Era también una gran ayuda para Mar. En realidad, era él,

Dimas, el que sacaba de Gádor las porcelanas de Dresde[31] metidas en los bolsillos enormes de su abrigo viejo. Y luego los llenaba de dinero con el que Mar apenas compraba lo necesario para quitar el hambre. Dimas vendía barato porque necesitaban el dinero. Parecía un ladrón.

Mar estaba preocupada. Le dolía verse obligada a vender Gádor lentamente, pero su mayor preocupación eran los papeles del despacho. Allí, en esos números que Mar no entendía, estaban las viejas deudas[32]. Ella no entendía nada; sin embargo, tenía la seguridad de que esos papeles desordenados y amarillos por el tiempo iban a ser un día la desgracia de Gádor.

Para no pensar en ello, Mar seguía tocando el piano todo el tiempo que no gastaba en ir al mercado o en intentar sacarle algún sabor a las patatas y a la carne seca. Tocaba el piano con sus blancas manos, heridas de tanto lavar en agua fría las camisas de su hermano. Pero ya no volvió a tocar la música romántica de Liszt[33]. Ahora se oía en Gádor la música de Prokofiev[34]: sólo en la frialdad de esa música de luna alcanzaba Mar a oír su soledad.

Ese deseo de encontrarse a sí mismo era el que llevaba ahora a Rodrigo por los caminos de la Historia y de los grandes hombres de los siglos XVIII y XIX. Lo que quería Rodrigo era encontrar, en la larga lista de nombres antiguos que eran parte de su familia, la razón de su pelo rojo. Quería poder explicarse por qué se olvidaba, a veces, de afeitarse y por qué salía cada vez menos a la calle. Para empezar a trabajar eligió al abuelo Sergio, que con un pelo tan rojo como el suyo y su traje de capitán[35] de barco –según aparecía en un viejo retrato–, había viajado por el Caribe. Pero el abuelo Sergio había sido un rebelde[22] y por eso los libros de Gádor callaban lo que Rodrigo quería saber. Además, todos esos libros habían sido escritos en España, y Rodrigo necesitaba saber más sobre Bolívar[36] y los otros personajes americanos.

Lleno de entusiasmo por los profundos conocimientos históricos de Dimas, Rodrigo le pidió que le consiguiera más libros sobre América. Y él volvió ese mismo día, ya muy tarde, con una exagerada biblioteca que apenas podía llevar. Rodrigo pasó días y días leyéndolos hasta que los terminó.

Cuando una mañana Dimas apareció en Gádor con intención de seguir buscando en la Historia con Rodrigo, éste le sorprendió invitándolo a una fiesta.

–Sí, una fiesta –repitió–. Pero será una fiesta especial. Tendrás que venir vestido como... como el abuelo de tu abuelo, más o menos.

La fiesta iba a ser dos días después, la noche de un sábado, pero antes se encontraron con el problema de que Rodrigo no sabía a quién invitar. No conocía a nadie exótico, explicó, y quería invitar a alguien exótico, una mujer exótica. Dimas prometió llevar a una chica filipina.

–Aunque sólo habla inglés –comentó.

La noche de la fiesta parecía que el tiempo no había pasado por la casa. Cóssima –que iba a Gádor siempre que la necesitaban– abrió la puerta a los invitados, y Rodrigo los recibió vestido de capitán de barco. Mar llevaba un vestido blanco de fiesta de alguna de sus abuelas y también Dimas se había vestido para la ocasión.

Quizá lo que Rodrigo intentaba esa noche era repetir el momento en el que su abuelo Sergio empezó a sentirse un rebelde y quiso luchar contra la tradición y su familia. Pero aquello no salió bien. La joven filipina, confundida quizá por Dimas, quien hablaba muy mal inglés, no se había vestido de abuela de su abuela, sino de enfermera de la Segunda Guerra Mundial.

Dimas y Mar hicieron lo posible por salvar la noche. Y casi lo consiguieron. Pero, cuando la cena estaba llegando al final, Cóssima dijo desde la puerta del salón:

—Ha llegado una señora que pregunta por usted, señor Dimas.

Y por la puerta abierta, todos pudieron ver a Paloma, vestida con un impermeable amarillo que dejaba caer agua y nieve sobre el suelo.

HASTA el jueves a la hora de la cena, cinco días después de la fiesta de la embajada, África buscó inútilmente el significado de esa noche. Desde entonces, la nieve no había dejado de caer. La tormenta le ofreció ayuda y África la aceptó. El viento era, esa noche, tan fuerte que no era posible salir sin peligro. Los políticos, que habían pasado aquellos días de reunión en reunión desde que empezó la crisis de gobierno[37] a principio de semana, tuvieron que quedarse en casa. Cuando vio que ya no funcionaba ni el teléfono, África creyó ver en ello los deseos del destino. Después de una cena familiar llena de silencios, entró en la biblioteca para hablar con su padre. Así fue como África se enteró de que Sancho tenía un hermano periodista que había molestado a mucha gente. Según le dijo el ministro, Sancho había ido a buscarla a la embajada para reírse de él delante de todos los embajadores. Por eso se había vestido de gordo ridículo y había empujado a la señora que tiró la bandeja de los cafés.

 Lo que África recordaría para siempre fueron las palabras de su padre cuando ella le preguntó qué interés podía tener Sancho en reírse de él. Porque Sancho, le contestó su padre con paciencia, tenía un hermano periodista que no había dejado de decir mentiras sobre el gobierno desde que alguien se equivocó y lo dejó escribir. Aunque, dijo al final, ya le estaba buscando a eso una solución.

Al salir del despacho, África sentía un profundo dolor: había descubierto, en su padre, a un hombre horrible. Fue directamente al cuarto de baño. Llenó la bañera, se desnudó y se metió en el agua. No pudo dormir esa noche intentando comprender qué culpa tenía Dimas. Pero esa noche las palabras de su padre se le desordenaban en la memoria y no podía pensar. El viernes seguía sintiéndose sucia. El día fue más largo que la noche, a pesar de que era invierno, y África consiguió cruzar esa enorme tristeza metiéndose en la bañera cada dos o tres horas. Durmió al fin. Pero al despertar el sábado seguía cansada aunque ya no tan sucia, y pudo pensar entonces en lo que tenía que hacer.

Aquella semana de nieve y viento, los desastres habían sido muchos. Los teléfonos de *La Crónica del Siglo* sólo habían vuelto a funcionar sobre las cuatro de la tarde, y a las ocho del sábado, Paloma no sabía aún cuántas personas habían muerto ese día por la tormenta. Nadie sabía mucho del asunto, pero era una noticia de primera importancia. Sin embargo, en *La Crónica del Siglo* no iba a aparecer ni un solo artículo. «No se sabe cuántos muertos son –le había dicho el director a Paloma cuando ésta subió a protestar–. Y lo que no se sabe no es noticia.» Pero sí debían de ser noticia las opiniones de los de siempre sobre la crisis de gobierno y su posible fin.

A Paloma ya no le importaba la crisis desde que supo que el periódico había cambiado de dueño sin avisar. Pero aún le quedaba la vergüenza suficiente, y había decidido seguir haciendo su trabajo de periodista del mejor modo posible. Por esta razón intentó, con todas sus fuerzas, escribir un artículo sobre la tormenta, el frío y los muertos, quedándose a trabajar hasta las ocho de aquel sábado. Por todo ello, se quedó muy sorprendida cuando vio entrar a Sancho por la puerta de la oficina, buscándola.

Aunque a Paloma no le era fácil esperar a conocer la historia de Sancho, quiso terminar de escribir su artículo. Su sentimiento del deber fue para ella lo más fuerte. Además, en esta ocasión, estaba el miedo a saber, porque cuando todo se sabe llega el momento de reaccionar. Escuchó, pues, la historia del joven cortada a trozos por el teléfono o por el ruido de la máquina de escribir.

Varios días había tardado Sancho en encontrar a Paloma por esa ciudad casi parada a causa del viento y la nieve. Dos veces en la noche que pasaron juntos había dicho ella, entre sueños, el nombre de su hermano. Y no había muchos Dimas en la ciudad. Fue así como pensó que debía de trabajar con él en *La Crónica del Siglo*. El viernes por la noche ya tenía la seguridad de que trabajaba allí. La había visto. Había tenido que esperar todo el día en la calle, enfrente del edificio del periódico, pero muy tarde, por la noche, vio salir a Paloma. Quiso correr detrás de ella, pero no lo hizo. No tenía nada que decirle. Sólo dudas, extrañas ideas de un joven medio loco que se viste de gordo invitado para estar con una chica en una fiesta sin que ella lo sepa. Escucha por casualidad una frase, se mete en una conversación, pregunta a un ministro que además es el padre de la chica. No consigue del todo saber lo que quiere, organiza un jaleo enorme y, por último, vuelve otra vez para sacar a la chica de la fiesta.

Hasta ese sábado, un par de horas antes, Sancho no supo que tenía razón; lo comprobó al leer la nota que África le había dejado en su casa. En ella África le decía que avisara a su hermano porque tenía enemigos muy poderosos que querían «hacerle algo». Le decía también que Dimas iba a menudo a una casa llamada Gádor. El nombre de la casa –Gádor– le recordaba algo a Sancho, aunque no sabía qué.

Más tarde, esa noche, cuando al fin encontraron con Paloma el portal con ese nombre escrito en la piedra, Sancho reconoció el lugar: allí había estado la noche que sacó a África de la fiesta con el sencillo deseo de estar con ella.

Sancho no la había visto desde esa noche. Tampoco la pudo ver aquel sábado porque, cuando llegó a su casa, ella ya se había marchado. Le dijeron que se había quedado hasta la noche esperándolo, charlando con su padre. Y es que a África, no sabía por qué, le gustaba mucho estar con el padre de Sancho. Un viejo tranquilo, atractivo como un gran libro que no lee nadie. Un hombre sin edad, con fuerza en la mirada y en las manos. Una fuerza que, según supo África, no había nacido con su cuerpo, pero tampoco se la había dado el viento ni el sol. África había querido quedarse en aquel lugar donde todo era calma. Y sólo decidió marcharse cuando la tormenta empezó a ser menos fuerte. Por eso dejó aquella nota que Sancho encontró media hora después de haberse ido ella.

Cuando al fin Sancho terminó de contarle todo a Paloma, ésta ya sabía que los muertos eran doce –lo había escrito en su artículo con nombres y apellidos–. Y se ponía su impermeable amarillo, que media hora más tarde iba a mojar el suelo de Gádor. Fue de camino hacia allí cuando Sancho le dijo que Dimas era su hermano; más o menos a la misma hora que en *La Crónica del Siglo* se supo que la crisis de gobierno ya se había resuelto y que el padre de África, como casi todos los ministros, cambiaba de ministerio. Esta noticia era tan importante que el artículo de Paloma no pudo salir en el periódico del día siguiente.

L A fiesta no tuvo los resultados esperados por Rodrigo. Es más, a causa de la filipina –alguien que había vivido aquella noche en Gádor igual que un turista de autobús–, la fiesta de Rodrigo se recordó en la ciudad como una extraña reunión donde se llamaba a los rebeldes de la Historia. Y en los elegantes salones, donde la filipina empezó a tener mucho éxito, se comentaba que en Gádor se había creado un club con intenciones políticas.

Encantado con la idea de sacar a Sergio de los libros e instalarlo en Gádor, Rodrigo no dudó en olvidarse de sí mismo y tomar la personalidad del viejo capitán hasta las últimas consecuencias.

La tarde del domingo que siguió a la fiesta, bajó a desayunar vestido con una amplia blusa y unas botas altas. Con el tiempo se pudo ver que se estaba dejando barba, y muy pronto su mirada cambió: sus ojos parecían estar siempre mirando tierras extrañas.

Todas las mañanas estudiaba en la biblioteca de Gádor, buscando información nueva para que su manera de vestir y su lenguaje se parecieran cada vez más a los del abuelo Sergio.

Es cierto que la fiesta no tuvo los resultados esperados por Rodrigo. Pero también es verdad que ésa fue la noche que Paloma llegó a

Gádor. Y que cuando Mar la vio, a Paloma echando lluvia por los zapatos y por el impermeable amarillo, sintió un gran cariño hacia ella. La suerte le traía por fin una amiga con la que compartir la tristeza. El destino le enviaba un par de brazos para ayudarla con una fuerza mayor que sus fuerzas de pianista. Y así fue. Mar, que estaba muy sola, aprendió a descansar en ella.

Paloma empezó a visitar Gádor a menudo haciéndose cada día más necesaria. Y no sólo para acompañar a Mar o para Dimas, que quería saber cómo iba el periódico –en ese tiempo Paloma ya le había contado que no podría seguir escribiendo en *La Crónica*–. También fue necesaria para darle a Gádor el aspecto que tienen las casas en las que vive gente.

Y es que Paloma no era persona que aguantase mucho tiempo la suciedad, sin importarle si era o no era suya. Con cuidado y buen humor encontró la ocasión de quitarla sin que Mar y Rodrigo se dieran cuenta de que sus invitados les estaban limpiando la casa. Y lo hizo en las representaciones de lo que Dimas llamó el Teatro Histórico de Rodrigo. Porque en cualquier momento Rodrigo salía de la biblioteca o despertaba a toda la casa para contarles lo último que había imaginado: había que representar la muerte de Marat[38] en la bañera, o a Bolívar dándole a Sucre[39] la orden de salvar el país.

Antes de cada representación, cuando se encontraba en Gádor, Paloma corría a buscar los cepillos y los trapos y los ponía a todos a limpiar. De esta manera consiguió ver limpios el baño, la cocina, la habitación de Rodrigo y también los pasillos y la escalera. Y así, todas las habitaciones más importantes de la casa. Porque desde la misma noche en que Mar le enseñó la casa y le abrió todas las puertas, Paloma comprendió que no era posible tener limpia ni ordenada una casa con tantas habitaciones que ni sus dueños las conocían todas. Así que Paloma convenció a Mar para que cerrara las habitaciones que no usaban.

Pronto fue Dimas el primer actor del Teatro Histórico de Rodrigo. Aunque a veces tuvo que sufrir los resultados del juego, como, por ejemplo, cuando salió de la bañera con un gran resfriado después de haber sido Marat.

Por lo demás, Rodrigo no siempre parecía perdido por los caminos de la Historia. Un día le preguntó a Dimas de dónde habían salido los libros que le había llevado aquella noche a Gádor poco antes de la fiesta. Dimas debió de recordarlos en seguida porque preguntó: «¿Te gustan?», y después, sencillamente: «Los robé». Mentía y no fue ésta la única vez que lo hizo.

T ODO quedó quieto en el país después del cambio de ministros. Ya no se volvió a hablar de crisis; pero las calles de la ciudad quedaron vacías, sobre todo por las noches. La gente ya no salía, ni siquiera iba ya a los restaurantes de aspecto antiguo que se habían puesto de moda un tiempo atrás. Todavía compraban pasteles a la salida de misa e iban al fútbol, pero seguían el partido con poco entusiasmo. Aunque hacía muchísimo frío, parecía que la ciudad entera dormía una pesada siesta de agosto.

Los dueños de las grandes tiendas, que habían olido la nostalgia general, ofrecieron esas Navidades cosas que los abuelos habían comprado, en el pasado, en las pequeñas tiendas familiares: relojes con números romanos, faldas de media pierna y armarios con espejo. Músicos, escritores y pintores también parecían mirar al pasado. Y en la televisión aparecieron anuncios de historias de la música o de la pintura, que tuvieron un gran éxito. Tanto que en algunas casas compraron dos historias iguales, por si marido y mujer tenían ganas de leer el mismo libro a la vez.

La Crónica del Siglo no dejó pasar esta oportunidad y dio su opinión sobre casi todo: desde el histórico editorial sobre los pantalones en las mujeres, habló mal del bolígrafo, de la costumbre de fumar en los autobuses, o la de besarse en los trenes. Así, un día la página editorial ocupó las ocho primeras páginas del periódico.

En el fondo de todo se escondía alguna secreta intención que llevó a la gente a interesarse por los asuntos que habían discutido sus abuelos. Así, cuando el periódico defendió los intereses de España en Cuba, subieron enormemente las ventas de los libros de Historia que tenían sus anuncios en televisión. Paloma pensaba que aquello no era un periódico, pero hacía ya tiempo que no le permitían decidir nada.

Es difícil de comprender: Paloma dejó pasar el invierno antes de marcharse del periódico, y sólo lo hizo cuando su sentimiento de vergüenza fue mayor que el de miedo.

Durante toda la crisis, Paloma se decía que era el miedo lo que la ataba a *La Crónica*. Y no por ella, sino por Inés. Miedo a quedarse sin dinero. Paloma no tenía nada ahorrado en el banco, porque nunca había comprendido a aquel que vive con poco en el presente para ser rico en un futuro poco claro. Paloma había visto a muchos ricos morir en las guerras, o marcharse del país sin nada, o vestirse de pobres para mentir a la Historia. Siempre había querido dar a Inés la posibilidad de ir a la universidad y dejarla irse después, igual que hicieron con ella. Pero todo eso iba a ser imposible ahora que debía marcharse. Lo había adivinado desde que llegó Eme. Desde que la saludó con su mano blanda y le dijo que tenían que ser buenos amigos.

Y, sin embargo, no se marchó entonces ni tampoco después, al quedar sola y sin salida, al irse Dimas del periódico. Porque así fue, aunque ella era la redactora jefe, dejó de asistir a las reuniones de los viernes. En su lugar empezó a ir un jovencito que apareció un día en la oficina. Nadie comunicó que era el nuevo redactor jefe, pero eso quedó claro desde el principio. A Paloma apenas le habló –parecía que ella no existía–, y todos los demás periodistas siguieron su ejemplo. Porque era él ahora quien tenía el poder.

Sin embargo, *La Crónica del Siglo* no estaba en su mejor momento y las ventas bajaron no se sabe si por la marcha de Dimas o si por los cambios que sufrió el periódico. Nadie protestó por ello. Con el tiempo llegó la ruina que hasta entonces se había retrasado. El suelo de madera empezó a abrirse en algunos sitios, y en otros aparecieron suaves colinas. La secretaria de la oficina dejó de dar bolígrafos con el nombre del periódico, y las máquinas de escribir cada vez estaban peor. El director apenas se dejaba ver por la oficina; se hacía viejo y ya no se limpiaba las gafas, ni se vestía como un hombre de negocios.

Al otro lado de la ciudad, el invierno pasó lentamente, como todos los inviernos. Paloma seguía sintiéndose muy cómoda en Gádor. Allí olvidaba sus problemas y podía vivir la vida como en un sueño. Lentamente se hizo más y más necesaria en la vida de la casa, hasta que un día se quedó a dormir. También Inés se quedó, era la noche de Navidad.

Esa noche, Paloma les presentó su hija a todos. Llegaron a las siete. Inés besó a todo el mundo e hizo muy bien su papel de niña bien educada. Sólo a medianoche, cuando Inés le entregó un paquete vivo, Paloma supo que todos se conocían desde antes. Y es que Mar, Inés, Rodrigo y Dimas se habían puesto de acuerdo para regalarle un perrito a Paloma. Le llamaron aquella noche Ernesto, pero siempre se le conoció como *El Gafas*, a causa de su mirada perdida.

La mayor parte de los regalos se habían preparado en grupo. Rodrigo recibió una fotografía de Gádor que era también un tablero[18] de ajedrez.

Quizá el más original de los regalos fue el de Inés. Era una historia acompañada de una música que Mar tocó al piano. Ella, Mar, no se sorprendió con su regalo –un maravilloso oboe[40]–, porque era

Aire de Mar en Gádor

La mayor parte de los regalos se habían preparado en grupo. Rodrigo recibió una fotografía de Gádor que era también un tablero de ajedrez.

de esas personas que encuentran más placer en los regalos de los otros que en los suyos. Por eso lo pasó tan bien con el regalo de Dimas, en el que ella había dejado sus fuerzas. Era una poesía escrita en trocitos de madera que había que unir. Era tan difícil que Dimas tardó tres días en encontrar la solución. Muy tarde ya, en la madrugada del día 28, consiguió colocar el último trocito y leyó la poesía lentamente, con el placer del trabajo bien hecho. Pero al levantarse de la silla, Dimas se dio cuenta de que había una palabra en una esquina de la mesa, perdida y sola. Asustado, miró la poesía. No faltaba nada. Como no quería pasar otra noche sin dormir, subió con la palabra y despertó a Mar.

–¿Y esta palabra? –preguntó.

Mar supo, sin mirarla, que Dimas había terminado la poesía. Sonrió con sueño en los ojos.

–Así era más difícil.

Sólo entonces, al mismo tiempo, los dos se dieron cuenta de que Mar estaba en la cama, que Dimas, sentado, estaba muy cerca. Que se veían entre las sábanas los pechos duros de Mar. Los dos desearon[20] que Dimas llevara hasta allí la mano, que se acercaran sus labios hasta llegar al beso. No ocurrió. Dimas miró los pechos de Mar, que no hizo nada por taparse, y después la miró a los ojos. Luego, se levantó, le dio un beso en la frente y salió de la habitación cerrando la puerta suavemente. Mar quedó tranquila.

Hacia el final del invierno alguien llamó a *La Crónica* para decirle a Paloma que en el número cinco de la calle Londres ocurría algo interesante todas las noches. Paloma escribió la dirección en la esquina de un papel y en seguida olvidó la llamada. Tenía mucho trabajo. Horas después, cuando al arreglar la mesa se encontró con el papel, se fijó en el nombre de la calle y se dio cuenta de algo: la calle Londres estaba en el barrio antiguo, muy cerca del lugar donde había vivido al llegar a la ciudad. Hacía mucho que no iba por allí, el viejo centro, ya sólo para ancianos y estudiantes. Pensó con nostalgia que debía acercarse.

En el número cinco de la calle Londres no ocurría nada que pudiera interesar a Paloma como periodista. El lugar le interesó al reconocer a África, sentada delante de una mesa sin tablero de ajedrez ni enemigo, con la mirada vacía del que ni siquiera espera. El bar Londres era uno de esos lugares donde se va para jugar al ajedrez y Paloma no lo pensó mucho. Propuso: «¿Jugamos?». África apenas la miró, no dijo nada, negó con la cabeza. «Soy amiga de Sancho», explicó Paloma. Entonces sí la miró la joven con algún interés, aunque tampoco dijo nada. Paloma se sentó y preparó las piezas.

Esa noche del final del invierno, África no era ya la joven que ocupaba meses antes las revistas en las que aparecen los famosos. Allí en el bar Londres, perdida en un profundo silencio, era difícil imaginarla bailando sin zapatos y muerta de risa, como en la foto que recordaba Paloma más claramente.

África se había dejado la vida durante el invierno. Su cuerpo de nieve blanca parecía ahora de cristal, los huesos se le salían de la cara y sus manos temblaban por el menor motivo. Pero sus ojos aún tenían una mirada enérgica, que brillaba ahora como pidiendo ayuda.

Apenas hablaron esa noche. A Paloma no le importó la frialdad de la joven, que no dijo ni adiós al marcharse cuando dejaron de jugar al ajedrez. No pudo ir al bar Londres a la noche siguiente, aunque sí a la otra. Era sábado, había muchas mesas ocupadas y África no estaba, ni fue en toda la noche. Paloma volvió el domingo y encontró el bar cerrado. «Cerrado por descanso», decía en la puerta un pequeño letrero.

El lunes fue más temprano y esperó, mirando la puerta. Serían las diez cuando África la abrió con cuidado, vio a Paloma y se dio media vuelta. Paloma dejó dinero en la mesa y corrió detrás de ella. «Quisiera hablar contigo», le dijo, tomándola del brazo.

—¿Qué es usted, policía? —le dijo la joven con la mirada llena de odio.

—No —contestó Paloma tranquila—. Soy amiga de Sancho, aunque hace tiempo que no lo veo.

Nunca se supo qué había sido de África durante esos meses de invierno. No habló de ello, ni esa noche con Paloma, ni más tarde, cuando se quedó en Gádor. En cualquier caso, no volvió a ser la misma.

Apenas dos horas después de llevar a África a Gádor y dejarla allí al cuidado de Mar, Paloma fue al periódico para decir que se iba esa misma noche.

—¿Por qué? —preguntó el director. Se le veía contento.

—Se lo explicaría. Pero no sirve de nada —dijo Paloma antes de cerrar la puerta.

África estaba bien. Cuando Paloma llegó a Gádor otra vez, la encontró tranquila cortando cebollas en la cocina, sin hablar con Mar ni con Inés. Le preguntaron por qué no estaba en el periódico a esa hora y respondió «vengo de allí». Luego cruzó la casa y salió al parque. Estuvo paseando bastante. Sentía alegría y miedo, las dos cosas; a ratos sólo alegría y a ratos sólo miedo, más que miedo. No sabía exactamente cuánto dinero le quedaba en el banco, pero no podía ser mucho.

Paloma sabía que ya no podría trabajar en un periódico de la ciudad, quizá tampoco del país. Nadie se marcha así de un periódico sin pagar por ello. Deja un rastro de rebeldía, y a los directores no les gustan los rebeldes, aunque sean buenos periodistas. Paloma sabía también que desde esa noche ella dejaba de ser una buena periodista, como había dejado de serlo Dimas. El director debía de estar contando en los demás periódicos todo lo ocurrido.

Sin embargo, Paloma no sentía miedo por ella misma sino por Inés. Y por África. Inés era el futuro, y allí estaba, en la cocina, con Mar y con África, esperando a que ella le abriera la puerta. ¿Y África? Era una joven rota y dolida que necesitaba que alguien le quitara de delante algo muy oscuro.

Paloma se había asustado, cuando, en la esquina del bar Londres, alcanzó a la chica y la tuvo que coger del brazo para decirle: «quisiera hablar contigo». A través de la chaqueta, Paloma sintió en África el profundo deseo de escapar de la persona que busca la muerte. Después, cuando la llevó a Gádor, Paloma estaba segura de que no iba a haber sangre. Pero también sabía que no se podía dejar a la joven sola mucho tiempo porque entonces la habría.

Fue Inés la primera que supo que su madre había dejado *La Crónica*. Imaginaba que se guardaba algo cuando la vio volver del periódico.

Y salió a buscarla al jardín. Paloma no pareció extrañarse cuando su hija le preguntó qué pasaba, y se lo dijo –«Me he ido del periódico»– tan natural como se lo comunicó a los demás después de la cena.

Como Inés misma, todos la miraron con alegría en un lado de la cara y preocupación en el otro. Alegría porque Paloma lo había dicho alegremente. Preocupación porque «y ahora, ¿qué?». Todos, Rodrigo también, sabían ya que la falta de dinero era enorme en la casa. Claro que Rodrigo aún no sabía que su hermana tenía un empleo. Sí, Mar tocaba el piano, los sábados por la noche, en la Taberna[41] Nicolás.

Cuando tuvieron que ahorrar en las patatas y el jabón de baño, Mar empezó a organizar con Dimas la venta de los espejos. No de los espejos venecianos que colgaban de las paredes del salón azul, por supuesto, sino de los enormes espejos que tenían las puertas de los armarios. Era una idea antigua, tomada de una revista. La gente pagaba muy bien por los espejos de puerta, ya que los armarios enteros no entraban en sus casas.

Mar se preparaba, pues, para vender algunos de los espejos de Gádor –planeaba con Dimas cómo quitarlos de los armarios y sacarlos de la casa–, cuando, poco antes de la comida, se le acercó África y, sin decirle nada, le puso en la mano un montón de dinero. Mucho dinero. Debía de haber suficiente para que todos vivieran durante varias semanas. Cuando Mar quiso devolverlo ya era tarde, ya entraba Rodrigo en el comedor.

¿De dónde sacó África ese dinero? Nunca se supo. Nadie se decidió a preguntárselo porque aún –semanas después de su llegada a Gádor, cuando África tenía ya un poco de color y sonreía frecuentemente– temían que una palabra, una pregunta, le abriera viejas heridas.

Rodrigo estaba esos días muy distraído. Se había olvidado del Teatro Histórico, quizá había perdido también el interés por la Historia, o por lo menos por la Historia americana. Se le había puesto una expresión sorprendida en su mirada verde desde que descubrió a África cortando cebollas en la cocina. Quién sabe qué veía Rodrigo en África, si la triste luz de sus ojos, o sus piernas larguísimas, o sus delgadas manos, o su aspecto de soledad.

A pesar de todo, el dinero de África y el de los espejos, vendidos con prisa por Dimas en un mercado de domingo, no sirvió para mucho. Deudas antiguas se llevaron gran parte de él. Y la nevera, que había trabajado sin quejarse durante veinte años, un buen día dejó de funcionar. Mar fue corriendo a comprar otra; sabía que si dejaba pasar esa oportunidad nunca más tendría tanto dinero junto.

La noche en que Paloma fue a la habitación de Mar y la sorprendió arreglándose un zapato, comprendió la gravedad del momento. Y allí mismo, le pidió a su amiga que la llevara a la Taberna Nicolás para pedir un empleo.

Mar tocaba el piano en la Taberna Nicolás los sábados por la noche. La había presentado Dimas, aunque no había sido fácil convencerlo —a Dimas, que no quería ver a Mar atada a horarios—, ni había sido fácil encontrar el trabajo. Primero lo buscaron en las agencias y en los periódicos, pero Mar no sabía hacer nada a cambio de dinero. Sólo cuando se dieron cuenta de que podía tocar el piano como nadie, pensaron en la Taberna Nicolás. Allí Mar tenía que poner un fondo de música de río, de luna saliendo de las nubes, a las conversaciones de las parejitas que iban a la Taberna a cogerse de las manos. Naturalmente, tuvo problemas con los pobres clientes que quedaron enamorados de su cuello largo, de su color de cisne y que, el sábado siguiente, volvían solos, sin sus novias. Pero Mar encontró pronto la manera de que la dejaran tranquila. Recordando a *mademoiselle* Gilbert, una belga casi de hielo que había sido su profesora y la de su hermano cuando eran niños, decidió pasar por francesa, por francesa de París. Funcionó. Los pocos jóvenes que sabían hablar francés se marcharon de allí a los pocos minutos, despedidos por sus palabras poco agradables.

Alguna vez que fue a escucharla a la Taberna Nicolás, Dimas no pudo reconocer a la suave Mar en esa joven agresiva. Pero era necesario si quería seguir sentada al piano.

Paloma no consiguió trabajo en la Taberna Nicolás. Pero como no era capaz de quedarse sentada una vez que había decidido moverse, fue a buscarlo en los otros periódicos de la ciudad. Quería comprobar si era cierto lo que había pensado cuando se marchó de *La Crónica*. En todos la conocían; era cierto: dos directores se negaron a recibirla. Otro la recibió, la escuchó y le dijo aquello de: «ya la llamaremos». Un cuarto le ofreció discutirlo durante el fin de semana en una casita que tenía en un bosque. Era más o menos lo mismo que cuando empezó, quince años antes.

Por fin encontró un trabajo, un trabajo que ella no buscó. P. R. P., el escritor, la llamó una mañana —quién sabe cómo había conseguido su teléfono— para pedirle que le escribiera a máquina una novela que él había escrito a mano. Aunque sorprendida de que el escritor la buscara exactamente a ella, Paloma aceptó, claro, y empezó a trabajar con el placer de estar otra vez entre palabras. Era un libro de viajes, de viajes por la India y más lejos, y además de muchos nombres exóticos, en sus páginas había muchos sitios así: . Y es que no sólo faltaban palabras, sino páginas enteras.

Paloma conocía a P. R. P. por ser uno de los autores que más libros escribía. Ese día Paloma comprendió por qué, y al mismo tiempo de comprenderlo, aceptó. Ella tenía que escribir las páginas en blanco, los capítulos más difíciles también. Ése era de verdad su trabajo.

Por eso, Paloma se metía todos los días en la biblioteca y escribía de la mañana a la noche. Todos podían oír el ruido de la máquina de escribir mientras veían por las ventanas el edificio moderno que estaba casi terminado, al otro lado del parque. Algún vecino con prisas ya se había ido a vivir allí; por las noches se adivinaba alguna sombra a través de las cortinas, en lo alto, lo que encerraba a Rodrigo en oscuros pensamientos.

En esos días Rodrigo apenas estaba en la casa, sobre todo por las mañanas. Y a veces no volvía hasta la noche. Aunque se le veía cansado, no decía qué había estado haciendo. Debían de ser cosas serias porque iba siempre muy bien vestido, con chaqueta, corbata, sin barba. Y se llevaba el viejo Packard.

Una tarde de sábado, al poco tiempo de que África empezara a trabajar de camarera en la Taberna Nicolás, Mar sintió que se le quedaban los dedos parados sobre el piano: su hermano, sentado enfrente de ella, la estaba mirando. La miraba con interés, casi curioso. A su lado se encontraba África, con la cara de alguien que ha hecho algo horrible.

Esa noche hubo reunión en Gádor, más o menos la segunda desde que Paloma comunicó que se iba de *La Crónica*. A ella asistieron también Inés y *El Gafas*, en sus brazos. Todo fue muy sencillo. Rodrigo tranquilamente les contó que había conseguido dinero en un banco. Tenía la intención de organizar en Gádor los negocios que todos estaban haciendo fuera. La venta de cosas antiguas también, dijo Rodrigo, y Dimas y Mar se miraron con sorpresa. No dio más razones. Únicamente explicó sus planes para hacer del salón amarillo, del rojo y del salón de música algo parecido a una taberna, así la llamó, con una sonrisa. Un lugar donde Mar pudiera animar a los clientes con una música que no fuera tan aburrida.

G̱ÁDOR abrió sus puertas el 24 de marzo a un público desconocido, sin invitación personal. La lluvia que caía desde las tres de la mañana hizo pensar a Paloma, encerrada en la biblioteca, que todo iba a salir mal. Y, sin embargo, el primer día fue un éxito al que ayudó también la lluvia, ya que sin ella no sería posible ese verde húmedo del parque ni el suave calor del fuego en las chimeneas. Mientras, el agua llamaba ligeramente en las ventanas y Mar los tenía a todos sorprendidos con sus dedos blancos bailando sobre el piano.

Esa tarde estuvo Mar como nunca más lo iba a estar en público. Las tres o cuatro personas capaces de reconocer lo maravilloso, recordaron durante toda su vida aquel momento: la luz que se iba apagando en las ventanas y la tormenta, la tormenta, en aquel salón, que nacía de los dedos de Mar. Una de esas personas fue Paloma, encerrada en la biblioteca con la prisa por terminar el libro de la India. Dejó la máquina y se fue a la puerta, sin abrirla para escuchar mejor. Otra de esas personas fue un gordo nervioso que antes de irse dejó a África en las manos una tarjeta. En ella ponía: «Jorge Esteban Roy - Agencia de artistas», y un número de teléfono.

Pedro Sorela

Mientras, el agua llamaba ligeramente en las ventanas y Mar los tenía a todos sorprendidos con sus dedos blancos bailando sobre el piano.

—Llámenme si están interesados —dijo el gordo al marcharse. Cuando esa noche Rodrigo preguntó: «Interesados ¿en qué?», nadie puso atención. Quizá más tarde ese hombre pudo haber sido una solución.

El primer concierto los dejó sin fuerzas y llevó a Gádor la melancolía del éxito. Después de comentar con entusiasmo los detalles de la tarde, se quedaron callados en los sillones de la biblioteca, cada vez más tristes. Paloma parecía escapar a la melancolía, pero eso era porque tenía que entregar el martes siguiente todo un capítulo del libro de P. R. P. Eso la animaba. Mientras, Inés sentía cada vez más sueño. Sin embargo, África, mal sentada en su sofá, con la mirada negra perdida en la alfombra, estaba mejor que nunca. Mejor aún que esa tarde, cuando todos y cada uno de los catorce hombres del público —se veía— no sabían con qué quedarse. Si con el deseo de Mar, que movía las manos en el piano como nadie, o con el de África, que movía como nadie el cuerpo siguiendo el ritmo de la música desde la puerta.

Esa tristeza, esa nostalgia, desapareció cuando vieron al día siguiente que asistían menos personas al concierto, veintiuna, y algunas de ellas conocidas. Entre el público del segundo día vinieron dos parientes de Mar y de Rodrigo, que no los saludaron, y unos tíos de África. Con ese público, y a pesar de que la lluvia seguía llenando el salón con su suave luz, Mar no pudo darle a sus manos el aire húngaro necesario para tocar la música de Brahms[42]. Y en mitad del concierto, llevada por un viento de rebeldía, sus dedos buscaron en el piano la música más seca de César Franck[43]. Cinco personas no pudieron esperar al final para salir de Gádor.

Lo único bueno fue que entre los más asustados por la música estaban los parientes de Mar y los tíos de África. A lo mejor no volvían.

Volvieron. En realidad, muchas de las personas que asistieron a los conciertos fueron los curiosos: los parientes de Rodrigo y Mar, y los que querían comprobar si la hija de un ministro tenía que ganarse la vida diciéndoles en qué sitios debían sentarse. Porque entre los embajadores y los secretarios que rodeaban al padre de África, se decía que ésta tenía que trabajar en el palacio de un aristócrata arruinado para poder vivir. Naturalmente, cuando el ministro no estaba delante.

En los poquísimos conciertos que siguieron, Mar comenzó a veces con algunas músicas suaves de «Jazz para todos». A veces, con esas obras de Beethoven[44] o Liszt en las que piensa la gente cuando sueña con un piano. Pero cuando todo el mundo se sentía volar, Mar se cansaba y hacía saltar de sus manos a Prokofiev, jazz duro. Una tarde en la que echó a casi todo el mundo, estuvo tocando la más agresiva música del siglo XX durante cuatro horas y tres cuartos. Cuando terminó, se le acercó un hombrecito con barba de tres días, que al marcharse le dijo: «La felicito. Ha sabido usted decir lo que nadie había sido capaz de decir en esta casa». Ésa fue la noche del cuarto concierto.

Los otros que fueron siempre a los conciertos de Gádor, durante la primera semana, eran gente rara. Y para ellos tocaba Mar. Para ellos se vestía África. A ellos observaba Dimas. Y en gente como ellos había pensado Rodrigo cuando se le ocurrió todo. Había una señora maravillosa que parecía haber salido del cuadro de la abuela Zoila. Estaba también *El Triste*, como lo llamaron ellos: un hombre largo y delgado que parecía siempre estar a punto de llorar. Y una mujer —aunque tardaron en descubrirlo— que vestía como un hombre, pero que tenía una voz de cantante de ópera.

Otro raro era el del sombrero. Aunque éste no llegó hasta el sexto concierto. Un hombre que parecía joven; llegaba con sombrero, gafas de sol, guantes y el cuello de la chaqueta subido, y sin embargo se sentaba lo más lejos posible de la chimenea y no se quitaba nada. Todos lo miraron curiosos, pero ninguno se acercó a decirle nada.

Aire de Mar en Gádor

Excepto África, que al terminar el noveno y último concierto, pensó que era una tontería suponer que no lo había conocido. «Hola, Sancho», le dijo, con voz temblorosa.

LA idea del restaurante fue también de Rodrigo. De él, que no sabía freír un huevo. Así les fue. Llamaron a la pobre Cóssima para que se ocupara de la cocina. Pero la buena mujer estaba en una edad en la que es difícil cambiar. Y ella sólo sabía guisar para gente a la que conocía.

No era exactamente un restaurante. La idea era que las personas que visitaban Gádor pudieran pedir platos sencillos para quitarse el frío o el hambre. Pero nadie pensó en organizar la hora ni el lugar de la cena, y por eso tuvieron que tirar un montón de comida en dos ocasiones. A los ocho días de tenerlo abierto, se dieron cuenta de que no habían cobrado a nadie, nunca. Nada. El dinero conseguido por Rodrigo en el banco se había ido por los mismos caminos ocultos que seguía la lluvia, que no dejaba de caer sobre el parque de Gádor. En el cajón de la cocina no quedaban más que unas pocas monedas, las necesarias para poder vivir unos pocos días.

Lo que pasaba es que estaban distraídos. No sólo estaba distraído Rodrigo –interesado ahora con la idea de hacer de Gádor una gran sala de conciertos–, sino también Mar, que sólo vivía para la música que le salía de las manos cada vez mejor. Y Paloma. Paloma pasaba el día escribiendo el libro de P. R. P. Pero también se buscaba tiempo para besar a Inés, echar una mirada al parque bañado por la lluvia y escuchar un poco a Mar durante los conciertos. Dimas también estaba distraído. Al menos, no parecía preocuparse mucho por los conciertos, aunque los escuchaba con gran placer. Luego ya no se le veía. Más tarde supieron que soñaba con organizar una revista, *Al Sur*. Como es natural, África estaba más distraída que nadie. Ella era la que sonreía al público y le decía dónde sentarse, la que ponía la mesa con Inés. Inés era una gran ayuda cuando no estaba en el colegio. África estaba distraída, además, desde que apareció Sancho, que iba y venía por la casa, serio. Fue Sancho el que le dijo una vez: «Si no es para ganar dinero, ¿para qué hacéis todo esto?».

Lo hacían para ganar dinero, claro. Rodrigo había salido de sus libros de Historia para pedir dinero al banco e intentar salvar Gádor. O quizá Rodrigo había decidido vivir en su siglo, en su tiempo, y necesitaba cambiar las cosas. Lo que pensó después fue hacer de Gádor un museo del que él mismo iba a ser el guía.

La idea fue un éxito. Los miércoles y viernes, días de visita, había largas colas delante de Gádor. Rodrigo abría la puerta, saludaba a todos personalmente y los hacía pasar. Después de ayudarlos a quitarse los abrigos, los conducía por los salones y les explicaba las cosas.

Al principio fue fácil, ya que el grupo que se presentó no era grande: en su mayor parte los que asistían siempre a los conciertos de Mar, entre ellos *El Triste* y la doble de la abuela Zoila.

El viernes fue menos agradable porque el grupo era más grande, y además había un alemán que no entendía nada.

En la tercera visita, a la semana de empezar, Rodrigo pensó que él solo podría ocuparse de toda la gente, si les contaba algo más interesante. Así que empezó a contar cosas increíbles sobre su casa y su familia que, sin embargo, todo el mundo se creía. Pero sus historias eran tan maravillosas que cada día eran más los curiosos que querían visitar Gádor. Y Rodrigo tuvo que aceptar que él solo no era capaz de llevarlos a todos. La siguiente semana abrieron más días e hicieron tres grupos. De uno se ocupaba Rodrigo, de los otros dos, Dimas y Paloma.

Un día, en su grupo, Paloma reconoció a tres personas demasiado ocupadas en observarlo todo con detalle para reconocerla a ella. Eran dos políticos y la mujer de uno de ellos. Los dos hombres miraban y hablaban a veces en voz baja comentándolo todo.

Cuando se marcharon, Paloma se quedó mirando por la ventana un buen rato. Al acercarse para cerrar la puerta del parque, dudó de si debía contar esa noche lo que había visto. ¿Pero qué había visto?

No lo hizo, se le olvidó. Esa noche volvieron a tocar el lado difícil de la realidad cuando alguien preguntó cuánto se había ganado ya con los turistas. Y Rodrigo tuvo que decirlo: nada. Los turistas no habían dejado nada. Y aunque nadie le preguntó –ya lo sabían todos, y lo comprendían–, Rodrigo explicó por qué no había cobrado por enseñar su casa.

–No puedo –dijo.

U NA mañana empezó a correr por el aire un olor a fruta madura que ponía nervioso a todo el mundo. Muchas cosas nuevas se encontraron en ese nuevo día: un sol enorme tan diferente del sol del invierno, ya no llovía, y los pájaros se gritaban todos al mismo tiempo lo que habían visto al Sur. Y es posible que ese olor a fruta que comenzó a entrar con el aire fresco por las ventanas fuese muy importante a la hora de crear *Al Sur*. Un olor que los hizo temer a todos por la tranquilidad y el maravilloso ambiente conseguidos en Gádor, a pesar de la ruina y del restaurante y del museo.

Porque fue entonces cuando a Mar se le ocurrió por primera vez cerrar el piano, salir a bailar y olvidarse de Gádor. Cuando a Paloma, encerrada en la biblioteca con el color rojo de la India, se le despertó el deseo por Dimas y a punto estuvo de entrar en su habitación. Cuando Rodrigo miraba a África, que miraba a Sancho, que miraba a Paloma, que miraba a Dimas. ¿Y Mar? Nunca se supo, porque su mirada era tan clara que no se le veían los deseos. Pero es seguro que los tuvo. ¿Cómo si no podía haber tocado el piano así?

Si Dimas apareció un día llevando en el coche de Paloma un aparato no muy grande, pero muy pesado, fue porque pensó que con la máquina se les podían pasar las fiebres a todos. Era una linotipia[45]. Esa misma noche Dimas explicó que de ella iba a salir *Al Sur*, una revista de la que, sin duda, se iba a hablar. Dimas puso tanta pasión en sus palabras que nadie preguntó cómo, ni de dónde había salido la máquina, ni por qué el nombre –*Al Sur*–, cuando Gádor se encontraba al Este. Como buenos amantes de las aventuras, se dejaron llevar por el entusiasmo de Dimas –cosa rara en su carácter tranquilo–. Siguieron los conciertos y cerraron el museo, aunque les quedó la costumbre de enseñar parte de la casa a la gente simpática. Donde dejaron todas sus fuerzas fue en la revista, que salió en menos de una semana.

El primer número fue algo poco corriente, de coleccionista[46], ya que en algunos sitios había que leer de derecha a izquierda, y además se les olvidó poner el título. Sin título, *Al Sur*, parecía una obra de aficionados, y de alguna manera lo era. Sin haberse dicho una palabra, Paloma y Dimas esperaban hacer algo maravilloso de una manera maravillosa. Habían pasado muchos años trabajando en periódicos y estaban hartos. Así, dejaron a los demás hacer su parte como mejor supieron. Quizá ésa fuera la causa de que por ese primer número –de diez ejemplares[47]– los coleccionistas pagasen, tiempo después, muchísimo dinero.

El segundo número de la revista era muy diferente del anterior. Los ciento treinta y tres ejemplares que salieron fueron ciento treinta y tres curiosas obras de arte. Eran diferentes entre sí, porque se cansaban de hacerlos todos iguales. No tenían aspecto de revista; eran, en realidad, papeles unidos de maneras maravillosas. El problema vino a la hora de venderlos, ya que salieron carísimos. Paloma se los ofreció a algunos periodistas. Pero aquellos que no se rieron de ella, le dijeron directamente que no tenían dinero. Paloma lo comprendió y le regaló un ejemplar a un amigo que parecía de verdad interesado en la obra.

Fue lo mejor que pudo hacer. Porque este amigo les presentó a uno de esos locos coleccionistas que les compró todos los ejemplares. Aunque, en realidad, les compró uno al precio de todos, pero tuvieron que quemar los otros ciento treinta y dos. Para estar seguro también les compró la linotipia y quedó contento, pensando que había hecho un gran negocio. Y así fue. Con el tiempo, otro coleccionista más loco aún, pagó por ese ejemplar de la revista el precio mayor pagado por una obra de arte en la ciudad de Nueva York.

T ODOS trabajaron duramente en los diez días que pasaron entre la venta de *Al Sur* y la primera vez que por el aire de la ciudad se escuchó «Aquí Gádor» sin que se supiera si Gádor era el nombre de un artista o de una ciudad. En realidad no era sino la voz tranquila de Dimas, una voz que parecía presentar un concierto. Se equivocó y no dijo «Aquí Radio Gádor» como tenía que haber dicho. El error les gustó y con estas dos palabras empezaron treinta y dos programas de radio.

Esos diez días los vivieron como millonarios, gracias al dinero conseguido con la venta de *Al Sur*. El primer día prepararon una gran cena, que les costó un buen dolor de estómago porque las gambas no estaban frescas. Le pagaron a Cóssima tres veces más del dinero que le debían –ella no quería aceptar, pero la convencieron–. Volvieron a comer frutas exóticas y carnes de las que habían olvidado el sabor y el nombre. Una noche fueron todos en grupo a un teatro, pero se salieron. No porque la obra fuese mala, sino porque tenían la mente, el corazón y el estómago puestos en Gádor. Por lo menos consiguieron comprarlo todo para hacer funcionar la emisora[48] antes de acabar con las últimas monedas que quedaban en el cajón de la cocina.

Un par de días antes, África y Sancho se encontraron en la biblioteca, donde por entonces estaban preparándolo todo para el programa de radio. Ya era muy tarde y en un rincón escondido África leía –África leía mucho, y las cosas más extrañas– cuando entró Sancho. África intentó seguir leyendo, pero el «Un, dos... Un, dos... ¿Quiere usted una taza de té?...» que decía Sancho una y otra vez para probar la emisora rompió el aire de la noche. África miró a Sancho y lo vio más vivo que nunca. Tan vivo como el día en que lo descubrió, cuatro años antes, cuando Sancho trabajaba en una obra de teatro de la facultad. Y África vio sorprendida que el extraño personaje que se movía entre los demás actores como un gato furioso –todo ojos y brazos– era un compañero de clase. El mismo que se sentaba detrás del todo, quizá para esconderse de los profesores y de los otros alumnos.

–Un, dos... Un, dos... ¿Quiere usted una taza de té?
–Bueno.

Nunca pudo África recordar los difíciles caminos por los que terminaron Sancho y ella uno enfrente del otro. África sólo se acordaba de que fue ella la que se acercó y de que se quedaron callados un tiempo.

–No fue muy lejos de aquí –comentó Sancho después de un rato. África lo miró.

–El paseo que dimos cuando me vestí de Thomas Beckett... –los dos recordaron, Sancho sonrió–. No fue lejos de aquí.

Quizá más tarde Sancho dijo aquello de «has cambiado», y con esa sencilla frase empezaron a discutir. Discutieron caminando, discutieron sentados. Se dijeron cosas tan horribles que no tuvieron que gritar para ayudarse. Y de repente se callaron, asustados, más asustados de las cosas que habían dicho que dolidos por las que habían oído. Pero sobre todo se sentían tranquilos, tranquilos porque finalmente sabían dónde le dolía al otro. África sabía que Sancho se había alejado de ella por culpa de su padre. Sancho veía con sorpresa el deseo de África por él. Se quedaron en silencio, sin mirarse, y posiblemente se sintieron muy solos.

África fue la primera que tuvo la fuerza suficiente para acercarse a Sancho. Le pasó suavemente las manos por el cuello y le besó en la cara, le besó en sus labios secos. Una vez, dos veces, como probando. Sancho respondió, claro. Y los dos se dejaron llevar por las olas de una noche larguísima.

Esa noche fue la última de un tiempo profundo en Gádor. Todos parecieron adivinar que algo importante había ocurrido en la casa, aunque no supieron comprender exactamente qué. Algo extraño que había en el aire y que los cambió a todos. Dimas, el mismo Dimas de sonrisa callada y triste, empezó a hablar mucho. Mar, que parecía haberse olvidado de la ruina y de las deudas, estaba contenta. Inés, que apenas tenía doce años, empezó a oler a mujer y a dejar de mirar como los chicos. Paloma se abrió como una sábana puesta a secar al sol. Porque Paloma, como los artistas, se sentía extranjera si no estaba creando. Y al planear el programa de radio, se encontró por primera vez en Gádor como en su casa.

La noche del primer programa, Paloma bajó a la biblioteca con el andar ligero de una mujer a la que le gusta lo que hace. Se había vestido con un traje marrón, el mismo que se ponía antes, en *La Crónica*, cuando debía ir al despacho de un ministro. Se había pintado los labios y parecía otra mujer. Esa noche lo fue. En realidad, fue algo que había sido mucho tiempo, periodista. Todavía lo seguía siendo porque no se olvidan tan fácilmente diez o quince años de trabajo. También Dimas lo fue, periodista, y de los buenos... Dimas dijo «Aquí Gádor». Y siguió hablando con una voz profunda, y con la seguridad de la persona que sabe lo que quiere. En esto llevaba ventaja a todos los demás: entonces aún estaban en eso sin saber qué era una guerra.

Más o menos ésa fue la historia que les contó Dimas esa noche, mientras celebraban el primer programa. Dimas les contó la historia de una guerra ya pasada. Así supieron que Dimas había estado en la cárcel por hacer una revista sin permiso. Y que la linotipia que llevó a Gádor era lo único que había quedado de aquel desastre.

Paloma supo al escucharle que ése era el pasado de Dimas, el punto oscuro que había buscado el director del periódico.

Los demás no le hicieron mucho caso esa noche a Dimas. Estaban demasiado cansados. Es seguro que volvieron a pensar en ello después, cuando al caerles golpes encima supieron que estaban en guerra. Posiblemente pensaron: Dimas nos lo dijo.

Desde el principio supieron que estaban teniendo éxito: en seguida recibieron notas insultándolos[49] y muy poco después comenzaron a llamar de las agencias pidiéndoles que metieran en los programas anuncios de patatas fritas o latas de pimientos. Aceptaron los anuncios, claro. De ellos pensaban vivir. Dejaron a Inés el trabajo nada fácil de elegirlos. Era ella la que discutía los precios con las agencias y decidía si un anuncio de gafas entraba o no en el programa siguiente.

A veces, estos anuncios que se oyen en todos los programas de radio quedaban muy extraños en Radio Gádor. Porque hay que decir que algunas de las cosas que crearon eran por lo menos raras. Como lo que pensó Rodrigo e hicieron entre Sancho y Mar. Mar sacaba ruidos del piano o de cualquier otro aparato que le traía Sancho y luego decían lo que habían representado —«pájaro cruzando un campo», por ejemplo–. Y el público podía sencillamente escuchar, o intentar adivinar qué estaban haciendo.

Sancho vivía en Gádor con África, porque ni ella ni él pudieron imaginar vivir de otra manera después de aquella noche en la biblioteca. Vivía en la habitación de África, y no tardaron en cambiarse a otra, más pequeña y lejos de las demás. Lo único que Sancho se llevó de su casa fue el ala delta; en ella salía a volar siempre que podía. Por las noches, dejaba a África en la cama, ya dormida, y se ponía en una mesita, al lado de la ventana sin cortinas, a escribir eso que estaba escribiendo. Pasaba noches enteras escribiendo Sancho.

No habían llegado a los veinte programas cuando a Paloma empezó a preocuparle que ya no los llamaran ni les escribieran para insultarlos. No dijo nada. Se preguntó, sin embargo, por qué y tuvieron que pasar doce horas antes de comprenderlo. Habían dejado de llamarlos y de escribirles desde que empezaron a contar por la radio qué había debajo de algunos editoriales de los periódicos. En realidad, no lo habían hecho para molestar a nadie. Era más bien un juego creado para divertir, para hacer pensar. Como aquel otro, también creado por Dimas y Paloma, en el que decían noticias de verdad al lado de otras que no lo eran, pero que podían serlo. «Un cachalote[50] medio muerto fue encontrado esta mañana a un kilómetro de la costa», decía una de ellas. «El profesor Peter Wilson, de la Universidad Massachusetts, ha dicho que el tiempo no perdona», decía otra. Posiblemente, cuando Dimas dijo aquello de: «Dentro de diecisiete años llegará un tiempo que nos sorprenderá a todos viejos», enfadó a alguien en *La Crónica del Siglo*.

Porque para entonces era un hecho que gran parte de la ciudad los oía. Fue por pequeñas cosas por lo que se dieron cuenta. Por la voz de Dimas que salía de una radio en una calle pequeña. Por cómo miraban con ojos curiosos a Mar, sobre todo, también a Cóssima, cuando salían a comprar frutas. Y las cartas. Las cartas que empezaron a recibir. Eran cartas firmadas rara vez con un nombre –siempre lo eran por un amigo o un compañero–. En ellas decían «Ganaremos», «Con vosotros hasta el final» y cosas parecidas que los sorprendían. Porque Mar, Rodrigo, África, Inés no sabían que estaban en una guerra y que la podían ganar o perder.

La carta de Georges George llevaba dirección, algo nada corriente. Por eso Mar le escribió cualquier cosa. La dirección era cierta; Georges George existía y volvió a escribir una nueva carta pidiendo lo que ya había pedido en la primera: ¿por qué no abrir al público las puertas de Gádor cuando se hacían los conciertos?

A todos les pareció bien la idea y, en lugar de escribirle, decidieron decírselo por la radio. África dijo: «De acuerdo, Georges». Nada más.

Días más tarde, tres hombres muy serios llegaron a Gádor y comenzaron a pedir papeles y a hacer preguntas.

LA tormenta que se había estado preparando desde media mañana dejó caer la lluvia cuando Sancho entró en el parque de Gádor. Condujo el viejo Packard, con el ala delta bien atada al techo del coche, directamente hacia la casa. Cuando llegó, a través del cristal lavado por el agua que caía, descubrió el coche de la policía aparcado delante de la puerta. Fue como ver un pájaro negro bajando rápidamente desde el cielo azul.

Cuando entró, mojado y llevando en los brazos el ala, se los encontró a todos juntos en la entrada, como en una mala película: escuchando el ruido que hacían los zapatos de un policía sobre el suelo de piedra, esperándolo. Al igual que a los demás, el detective le pidió su carné e hizo una vez más la pregunta que ya les había hecho a todos:

—¿Quién es George?

El detective decía los nombres extranjeros como se dicen en Nueva York, así que se escuchó: «¿Quién es Yolch?». Sancho no había estado en Nueva York y no entendió. El detective tuvo que hacerle la pregunta dos veces más, y sólo a la tercera recibió la misma respuesta que le habían dado seis veces: Georges George era un señor que había escrito pidiendo que se abrieran las puertas para los conciertos de Radio Gádor.

En los días siguientes comprendieron qué ocurría. Ocurría que su éxito era tan grande que en otros programas de radio intentaban hacer cosas parecidas a las de Radio Gádor. Según supieron, habían entrado en la universidad, donde se seguían sus programas con atención. Al enterarse prepararon un programa especial que comenzó: «Aquí Gádor Universidad» que ocupó tres horas y cuarto. En ese tiempo, Dimas, Paloma, África y Sancho descubrieron la manera de dar una clase. Dieron una clase con olor y sabor, difícil, porque es muy difícil hacer que los alumnos aprendan. Mar tocó al piano una música que hablaba de la melancolía del agua que cae de los árboles veinte minutos después de la tormenta. Inmediatamente después Sancho explicó cuándo, cómo y por qué llegaba la melancolía. Luego África preguntó a Rodrigo qué momento de la Historia estaba investigando. Y él habló de teatro y también de una piedra que había encontrado en el jardín.

Lo cierto es que la visita de los policías a Gádor partió el tiempo entre un antes y un después. Nadie volvió a ser igual. Aunque ninguno de ellos –excepto Paloma, quizá Dimas– sabía que ya no podían salvarse.

Mar, por ejemplo, siguió creando sus conciertos fotográficos, en los que intentaba pintar un cuadro con música, pero desde entonces fueron muy tristes. La música ya no hablaba de pájaros cruzando campos, sino de un autobús que se queja mientras cruza la ciudad.

Quizá el sol trajo esta tristeza, esa nostalgia temprana. El sol que nació fresco después de la noche en la que África y Sancho se encontraron en la biblioteca, no hacía tanto tiempo. Ya no era fresco ni agradable. A mediodía apenas se podía aguantar. Los pájaros se callaban cada vez más temprano por las mañanas, secas las gargantas. El viento se iba muriendo y eso también fue una señal. Ese sol,

Pedro Sorela

Habían entrado en la universidad. Al enterarse prepararon un programa especial que comenzó: «Aquí Gádor Universidad».

sin embargo, no debió de tocar a África y Sancho, las únicas personas de la casa con fuerzas suficientes para seguir igual: Sancho escribía; los dos trabajaban en la radio; se querían por las noches y volaban siempre que podían. El deseo que sentían el uno hacia el otro no les dejaba ver que el futuro se acercaba.

Dimas estuvo tranquilo esos días de calor, escondido detrás de su sonrisa triste. Si vio llegar el futuro, no lo dijo. Lo único que hizo pensar que lo había visto llegar fue la reunión que organizó en la biblioteca. Quería contarles a todos de dónde venían los libros que le había regalado a Rodrigo cuando a éste le dio la fiebre de la Historia. Allí, entre las sombras de la tarde, Dimas pareció tomar una decisión. Cogió uno de aquellos libros, lo abrió por la página 94 y se lo enseñó a todos. Entonces, cuando ya tenía la atención de su público, Dimas dijo algo que iba a preocupar a Paloma: esos libros tenían la misma letra que *Al Sur* porque se habían hecho con la misma linotipia.

Paloma se asustó. En las ganas de Dimas por contar su secreto veía ella el deseo de la persona que muere tranquila, segura de que las cosas se harán a su manera. Paloma estaba nerviosa, y ese sentimiento se hizo mayor al llegar la noche. En el silencio de su habitación, Paloma decidió encontrar las fuerzas necesarias para entrar en la habitación de Dimas. Estaba tan nerviosa, una vez decidida, que abrió la puerta sin tomarse antes un descanso. Y no se sorprendió cuando vio un cuerpo delgado y blanco en la cama. Una espalda perfecta movida por el placer sobre el cuerpo de Dimas. Paloma no se sorprendió, pero le dolió. Le dolió hasta la muerte el recuerdo de Mar en la cama de Dimas.

El día del desastre corría un aire caliente y seco. Excepto Paloma, que no se sentía bien, y Sancho, que había salido temprano a volar, todos los demás estaban en la biblioteca. Querían preparar un concierto de Mar, pero no encontraban lo que buscaban: la melancolía de un jardín desde el que se oye la música de una casa. Era muy difícil. Lo habían intentado varias veces, cuando vieron en la puerta a un señor gordo y amable, los zapatos limpios como espejos. Sonrió y pidió perdón por haber entrado sin llamar. Mar lo reconoció en seguida, aunque no lo veía desde el otoño, cuando fue a quedarse con el lago.

    África sintió miedo. Ese miedo que siente la gente que ve la posibilidad de ir a la cárcel. En el hombre gordo que acababa de entrar, reconoció a un amigo de su padre.

    Rodrigo ya no sintió miedo. Debía de saber a qué venía el hombre, porque miró a su alrededor, con nostalgia y deseo a la vez. Nostalgia por tener que despedirse, deseo de quedarse sin nada y saber por fin quién era él.

    Dimas sintió que no pudieran terminar el último concierto de Mar. Lo sintió. Y si no lo pudieron terminar, no fue por falta de tiempo —aún tenían que pasar semanas antes de irse–. No, sino porque sabía que la gente ya no es la misma cuando llega el momento de marcharse. Se cree que la tristeza será para siempre, pero pronto nace el deseo de ver la otra costa.

    Así ocurrió. Llegó la noche, faltaban pocos minutos para el programa de Radio Gádor, y se encontraron con que no podían hacer nada porque su tristeza era distinta. Todo lo que habían hecho hasta entonces ya no era de ellos. Ya no podían salir al aire con un concierto de Mar o unas noticias posibles. Pero era necesario hacer el programa. Faltaban sólo tres minutos cuando Sancho decidió algo que hasta ese momento no había querido decidir. Salió de la biblioteca, subió las escaleras de cuatro en cuatro y corrió a la mesa de su habitación. Entonces dudó. Miró la última página de eso que llevaba tantas noches escribiendo y sintió un frío de nostalgia. Cogió los papeles y bajó las escaleras de seis en seis para llegar a la biblioteca y decir «Aquí Gádor» casi sin aire. Se sentó, respiró un poco y comenzó a leer.

SOBRE LA LECTURA

Para comprobar la comprensión

Págs. 4-7

1. ¿Cómo cambia la gente cuando Mar y Rodrigo se quedan sin dinero?
2. Desde la marcha de Cóssima, ¿cuáles son las ocupaciones de Mar y Rodrigo?

Págs. 8-9

3. ¿Es Dimas un periodista normal? ¿Por qué? ¿Cómo son sus artículos?
4. ¿Qué siente Paloma por Dimas? ¿Qué espera de él?
5. ¿Consigue el director de *La Crónica* saber algo sobre el pasado de Dimas?

Págs. 10-13

6. ¿Qué hecho ocurrido durante el verano va a cambiar la vida de África? ¿Cómo cambia su vida, su familia, la relación con sus compañeros de clase y su relación con Sancho?
7. ¿Qué hace África cuando, en la colina, ve que Sancho está en peligro?

Págs. 14-15

8. Desde que Dimas apareció en Gádor, ¿a qué se dedican Mar y Rodrigo?

Pág. 16

9. ¿Qué ocurre en *La Crónica del Siglo*? ¿Cómo reacciona Paloma?

Págs. 17-19

10. ¿Qué hace África cuando se encuentra a Sancho herido?
11. ¿Qué rompe la confianza que había vuelto a nacer entre África y Sancho?
12. ¿Cómo es el padre de Sancho? ¿Cómo pasa su tiempo? ¿Le regala a África una pieza de ajedrez? ¿Por qué?

Pág. 20

13. ¿Qué gran verdad descubre Rodrigo mientras escucha a Mar tocar el piano? En consecuencia, ¿qué se propone hacer?

Págs. 21-23

14. ¿Qué problemas tiene Paloma en el periódico?
15. ¿Quién es Eme? ¿Ha aparecido antes en la novela?
16. ¿A qué se dedicó Paloma antes de ser madre?

Págs. 24-25

17. ¿De qué quiere escapar África? ¿Cómo intenta hacerlo?
18. ¿Dónde conoce África a Guido? ¿Qué pasión se le despierta allí?

Págs. 26-28

19. ¿Cómo vive la gente ese invierno?
20. ¿Qué busca Rodrigo en Dimas? ¿Lo encuentra?

Págs. 29-30

21. ¿Qué hace Paloma con el artículo de Dimas?
22. ¿Adónde va Paloma después de salir de *La Crónica*? ¿Qué ocurre allí?

SOBRE LA LECTURA

Págs. 31-33

23. A la fiesta de los embajadores asiste un hombre gordo y ridículo. ¿Quién es en verdad?
24. ¿Vuelve Sancho a la fiesta? ¿Con qué apariencia? ¿Cómo dice ahora que se llama?

Págs. 34-36

25. ¿Qué efecto le produce a Eme el artículo de Dimas que Paloma metió en el periódico a última hora?
26. ¿Qué nuevas condiciones le impone el director a Paloma para que Dimas siga escribiendo en el periódico? ¿Piensa Paloma que las va a aceptar?
27. Después de su conversación con el director, ¿de qué se da cuenta Paloma?
28. ¿Quién es el joven que conoció Paloma en la discoteca?

Págs. 37-39

29. ¿Por qué Sancho no responde al beso de África?
30. ¿Qué le regala Sancho a África? ¿Quién lo ha hecho?

Págs. 40-43

31. ¿De qué manera ayuda Dimas a Rodrigo? ¿Y a Mar?
32. ¿Qué intenta hacer Rodrigo organizando una fiesta? ¿Lo consigue? ¿Por qué?
33. ¿Quién aparece en Gádor al final de la fiesta?

Págs. 44-47

34. ¿Qué relación existe entre Sancho y Dimas?
35. Según el padre de África, ¿para qué fue Sancho a la fiesta de la embajada? ¿Por qué quería hacer eso?

36. ¿Cómo reacciona África al oír a su padre?
37. ¿Cómo ha conseguido Sancho encontrar a Paloma? ¿Por qué la busca?
38. ¿Qué dice la nota de África?
39. Finalmente, ¿aparece en el periódico el artículo que ha escrito Paloma sobre la tormenta? ¿Por qué?

Págs. 48-50

40. ¿Qué hace Rodrigo después de la fiesta?
41. ¿Qué es el Teatro Histórico de Rodrigo?
42. ¿Por qué se hace Paloma tan necesaria en Gádor?

Págs. 51-55

43. ¿Cuál es el ambiente en la ciudad después del cambio de ministros?
44. ¿Participa *La Crónica del Siglo* del ambiente general? ¿Cómo lo hace?
45. ¿Por qué sigue Paloma trabajando en *La Crónica* durante todo el invierno?
46. ¿Son típicos los regalos que se hacen por Navidad los personajes que viven en Gádor?
47. ¿Quiénes viven ahora en Gádor?

Págs. 56-59

48. ¿A quién se encuentra Paloma en el número cinco de la calle Londres? Esta persona, ¿ha cambiado durante el invierno? ¿En qué?
49. ¿Qué les parece a Inés y a los demás la decisión de Paloma de dejar *La Crónica*?

Págs. 60-63

50. ¿Qué hacen África, Mar, Dimas y Paloma para traer dinero a Gádor? ¿Qué les propone Rodrigo cuando descubre lo que están haciendo?

SOBRE LA LECTURA

Págs. 64-68

51. ¿Son iguales los dos primeros conciertos de Mar? ¿Por qué?

52. ¿Quiénes asisten a los conciertos de Mar? Entre ellos, ¿hay algún conocido? ¿Quién o quiénes?

Págs. 69-71

53. ¿Ganan mucho dinero con los conciertos, el restaurante y el museo? ¿Por qué?

Págs. 72-74

54. ¿Cuántos números salieron de la revista *Al Sur*? ¿Cómo son?

55. ¿Por qué dejaron de hacer la revista?

Págs. 75-80

56. ¿Qué ocurre cuando una noche se encuentran África y Sancho en la biblioteca de Gádor?

57. ¿Cuál es el punto oscuro en el pasado de Dimas que había buscado el director del periódico?

58. ¿Qué hace Sancho por las noches mientras África está durmiendo?

59. ¿Tienen éxito los programas de radio? ¿Cómo lo saben?

60. ¿Cómo son los programas de Radio Gádor? ¿Qué hacen en ellos?

61. Al empezar los programas de Radio Gádor, Dimas sabe que están empezando una guerra. ¿Qué tipo de guerra? ¿Están efectivamente en guerra? ¿Cómo se dan cuenta? ¿Quiénes pueden ser los enemigos de Gádor?

Págs. 81-85

62. ¿Por qué fue a Gádor la policía? ¿Qué consecuencias tiene en Gádor la visita de la policía?

91

63. ¿Qué les cuenta Dimas a todos sobre los libros de Historia que regaló a Rodrigo? ¿Qué cree ver Paloma en este deseo de contar la verdad?
64. ¿A quién encuentra Paloma en la cama de Dimas?
65. ¿Quién es el señor gordo y amable que llega a Gádor? ¿Qué quiere? ¿Qué siente Rodrigo cuando lo ve llegar?
66. ¿Es el último programa de Radio Gádor igual que los demás? ¿Por qué? ¿Qué hace Sancho en él?

Para hablar en clase

1. Si tenemos en cuenta el título de la obra, parece que Mar es su personaje central y más importante. ¿Crees que es así? ¿Qué personaje te ha gustado más? ¿Por qué?

2. ¿Cómo son los personajes que se reúnen en Gádor? ¿Tienen algo en común? ¿Por qué crees que los persiguen?

3. ¿Qué piensas que hará cada uno de los personajes de la novela después de dejar Gádor?

4. ¿Crees que los medios de comunicación (radio, prensa y televisión) pueden hablar libremente de todo lo que quieren o, por el contrario, hay algún tipo de censura que lo impide?

5. Sancho y África practican el ala delta. ¿Has volado alguna vez en ala delta o en otro aparato sin motor? ¿Te gustaría hacerlo? ¿Por qué? ¿Qué opinas de los deportes de riesgo como el *rafting*, la escalada, el descenso de cañones, el *puenting*, etc.?

NOTAS

Estas notas proponen equivalencias o explicaciones que no pretenden agotar el significado de las palabras y expresiones siguientes, sino aclararlas en el contexto de *Aire de Mar en Gádor*.

m.: masculino, *f.*: femenino, *inf.*: infinitivo.

Aire de Mar en Gádor: ambiente que produce Mar, una de las protagonistas de la novela, con su música y su forma de ser y que transmite también a las personas que visitan Gádor o viven allí.

[1] **cisnes** *m.*: aves acuáticas de cuello muy largo, y color generalmente blanco, que viven casi siempre en grupo.

[2] **chimenea** *f.*: en una habitación, espacio donde se puede encender fuego y que tiene una salida para el humo.

[3] **aristócratas** *m. y f.*: personas que forman parte de la aristocracia o clase noble de un país, como, por ejemplo, los duques, los condes, los marqueses, etc.

[4] **pesimistas** *m. y f.*: seguidores del pesimismo, sistema filosófico que considera al universo esencialmente malo y afirma que el mal destaca sobre el bien. El principal representante de esta corriente filosófica es Arturo Schopenhauer (1788-1860).

[5] **melancolía** *f.*: tristeza profunda y permanente, que no tiene causa clara ni explicación.

[6] **nostalgia** *f.*: tristeza que una persona siente por estar lejos de su tierra o de sus familiares, o por echar de menos un tiempo pasado.

[7] **ritmo** *m.*: manera en que se ordenan los sonidos de una pieza musical. También, velocidad con que se hace o se produce algo.

[8] **artículo** *m.*: escrito largo sobre un tema concreto que se encuentra en los periódicos y revistas.

[9] **soledad** *f.:* hecho de estar o sentirse solo.

[10] **despacho** *m.:* en una oficina, habitación donde trabajan una o varias personas.

[11] **redactora jefe** *f.:* jefa de las personas que trabajan en un periódico redactando o escribiendo las noticias.

[12] **ala delta** *f.:* aparato sin motor, muy ligero, de forma triangular, que sirve para volar siguiendo la dirección del viento y las corrientes de aire.

[13] **colina** *f.:* elevación natural de terreno más pequeña que la montaña.

[14] **revoluciones** *f.:* luchas y desórdenes violentos que se producen en un país para que cambie la situación política y social.

[15] **censura** *f.:*: comprobación o examen de un periódico, de una película o de una obra literaria, con criterios políticos, morales o religiosos, para ver si es adecuada su publicación. En el caso de esta obra, se trata de una censura política.

[16] **delicadas:** que pueden causar problema o riesgo.

[17] **cuidadla** (*inf.:* **cuidar**): ocuparse de alguien con atención.

[18] **ajedrez** *m.:* juego de inteligencia en el que dos jugadores mueven uno contra el otro dos series de dieciséis **piezas** o figuras diferentes, sobre un **tablero** o superficie cuadrada, dividido en sesenta y cuatro casillas blancas y negras.

[19] **peones** *m.:* piezas de **ajedrez** (ver nota 18) de menor valor, que al comenzar el juego se colocan en la línea delantera.

[20] **deseo** *m.:* acción y efecto de **desear,** o sea, de querer con fuerza algo; también, sentir atracción sexual por alguien.

[21] **guerra** *f.:* aquí, lucha de intereses entre personas, sin usar las armas.

[22] **rebeldía** *f.:* característica o cualidad de la persona **rebelde,** o sea, de la que no acepta fácilmente ser controlada u obedecer a personas o normas.

[23] **corresponsal de guerra** *m.* y *f.:* periodista que es enviado a un lugar donde hay un conflicto armado, para que mande información sobre lo que allí ocurre a un periódico, a una televisión u a otro medio de comunicación.

[24] **partida** *f.:* en un juego, serie de jugadas que termina cuando alguien gana.

[25] **editorial** *m.:* artículo (ver nota 8) que se publica siempre en un mismo lugar del periódico y que expresa la opinión de este.

[26] **bajo su responsabilidad:** aceptando las consecuencias de sus actos.

[27] **creaba** (*inf.:* **crear**): hacía nacer, era la causa de algo.

²⁸ **embajada** *f.:* lugar donde vive el **embajador** (*m.*) y otros diplomáticos que se ocupan de representar los intereses de un país en los demás países del mundo.

²⁹ **Thomas Beckett:** posiblemente con este personaje, Pedro Sorela alude a Samuel Beckett, escritor irlandés (1906-1990), premio Nobel de Literatura en 1969, que escribió la mayoría de sus obras en francés. Con *Esperando a Godot* (1952), Beckett inició el teatro del absurdo, llamado así porque trataba de destacar la falta de sentido de la existencia humana, la imposibilidad de comunicación entre los seres humanos y, en general, los aspectos más ridículos de la sociedad de la época. En *Aire de Mar en Gádor*, la fiesta en la embajada y la aparición de Sancho disfrazado podrían ser una evocación de este tipo de teatro.

³⁰ **La Bastilla:** cárcel de París, que fue tomada y destruida el 14 de julio de 1789 por los revolucionarios, que la consideraban un símbolo del despotismo del antiguo régimen y la monarquía absoluta contra los que luchaban.

³¹ **porcelanas de Dresde** *f.:* figuras o recipientes hechos con barro fino cocido y barnizado, fabricados en la ciudad de **Dresde** (Alemania) desde 1700.

³² **deudas** *f.:* cantidades de dinero que una persona debe y tiene que devolver a otra.

³³ **Liszt** (Franz): compositor, pianista y director de orquesta húngaro (1811-1886). Uniendo la inspiración poética a la composición musical, inventó el poema sinfónico, que tuvo gran desarrollo durante el romanticismo de mediados del siglo XIX. Entre sus obras encontramos: el poema sinfónico *Los Preludios* (1856), las sinfonías *Dante* (1856) y *Fausto* (1861), y sus veinte *Rapsodias húngaras*.

³⁴ **Prokofiev** (Sergei Sergeievitch): compositor, pianista y director de orquesta ruso (1891-1953). Las composiciones de sus primeros tiempos se caracterizan por un ritmo (ver nota 7) muy violento. Lentamente Prokofiev fue calmando su estilo y dando más importancia a las melodías, en las que introdujo elementos populares. Sus composiciones más famosas son la *Sinfonía n.º 1, Clásica* (1917) y el cuento musical *Pedro y el lobo* (1936).

³⁵ **capitán** *m.:* hombre que manda en un barco.

³⁶ **Bolívar** (Simón): político y militar venezolano (1783-1830). Hijo de una noble familia española, recibió una buena educación en Madrid. Viajó en varias ocasiones a Europa y en 1807 volvió a Venezuela para luchar por la independencia de las colonias hispanoamericanas. Liberó Colombia (1819) –a la que entonces pertenecía la actual Panamá–, Venezuela (1821) y Ecuador (1822). Con ellas se formó la República de la «Gran Colombia» de la que Bolívar fue su presidente.

⁣³⁷ **crisis de gobierno** *f.:* cambio de ministros.

³⁸ **Marat** (Jean Paul): político y revolucionario francés (1743-1793). Médico de profesión, fue miembro de la Comuna –Gobierno revolucionario de la ciudad de París– y de la Convención o Asamblea Nacional. Se mostró como uno de los líderes revolucionarios más crueles y radicales. Contrario a los girondinos –partido moderado–, participó decisivamente en su caída: en 1793. Murió asesinado en la bañera a manos de la girondina Carlota Corday.

³⁹ **Sucre** (Antonio José de): general venezolano (1795-1830). Luchó al lado de **Bolívar** (ver nota 36) y en contra de los españoles por la independencia sudamericana. Fue presidente de Bolivia entre 1825 y 1828. Lo mataron sus enemigos políticos cuando iba hacia Quito para impedir que Ecuador se separara de la República de la «Gran Colombia».

⁴⁰ **oboe** *m.:* instrumento musical de viento hecho de madera.

⁴¹ **taberna** *f.:* bar típico donde se sirven bebidas y, a veces, también comidas.

⁴² **Brahms** (Johannes): compositor alemán (1833-1897). Su obra pertenece a la última época del romanticismo. Entre sus obras encontramos veintiuna danzas húngaras para piano, y seis sinfonías en las que se aprecia la influencia de **Beethoven** (ver nota 44).

⁴³ **César Franck** (Augusto): compositor y organista belga nacionalizado francés (1822-1890). Influido por los románticos y gran admirador de Wagner, desarrolló un estilo muy personal, llegando a crear su propia escuela. Algunas de sus obras son: *Sinfonía en re mayor* (1888) y los poemas sinfónicos *El cazador maldito* (1882) y los *Djinns* (1884).

⁴⁴ **Beethoven** (Ludwing van): compositor alemán (1770-1827). Desde pequeño demostró una gran habilidad para la música, llegando a publicar sus primeras piezas de piano a los trece años. Iniciador del romanticismo, rompió con sus modelos (Bach, Haydn) para desarrollar una expresión más libre y enérgica. Algunas de sus obras son: las sonatas *Patética* (1798-1799) y *Claro de Luna* (1801), las sinfonías *n.º 3, La Heroica* (1803-1804), y *n.º 6, La Pastoral* (1807-1808), etc.

⁴⁵ **linotipia** *f.:* en las artes gráficas, máquina para componer textos, es decir, para colocar caracteres o letras de manera que estos formen el texto que se quiere imprimir.

⁴⁶ **coleccionista** *m.* y *f.:* persona que reúne cosas de un mismo tipo por gusto o afición.

⁴⁷ **ejemplares** *m.:* cada una de las copias o reproducciones de una revista, un libro, un periódico, etc.
⁴⁸ **emisora** *f.:* aparato desde el que se envían ondas electromagnéticas y se transmiten programas de radio.
⁴⁹ **insultándolos** (*inf.:* **insultar**): ofendiéndolos con palabras.
⁵⁰ **cachalote** *m.:* animal mamífero de gran tamaño y peso que vive en los mares templados y tropicales.

Títulos ya publicados de esta Colección

Nivel 1

¡*Adiós, papá!* Óscar Tosal
El misterio de la llave. Elena Moreno
La sombra de un fotógrafo. Rosana Acquaroni
Soñar un crimen. Rosana Acquaroni
Una mano en la arena. Fernando Uría
Mala suerte. Helena González Vela y Antonio Orejudo
El sueño de Otto. Rosana Acquaroni

Nivel 2

El hombre del bar. Jordi Surís Jordà y Rosa María Rialp
En piragua por el Sella. Victoria Ortiz
La chica de los zapatos verdes. Jordi Surís Jordà
La ciudad de los dioses. Luis María Carrero
El libro secreto de Daniel Torres. Rosana Acquaroni
Asesinato en el Barrio Gótico. Óscar Tosal
El señor de Alfoz. M.ª Luisa Rodríguez Sordo
De viaje. Alberto Buitrago
* *La corza blanca.* Gustavo Adolfo Bécquer
* *Rinconete y Cortadillo.* Miguel de Cervantes

Nivel 3

* *Don Juan Tenorio.* José Zorrilla
* *El desorden de tu nombre.* Juan José Millás
* *La Cruz del Diablo.* Gustavo Adolfo Bécquer
* *Marianela.* Benito Pérez Galdós
* *La casa de la Troya.* Alejandro Pérez Lugín
* *Lazarillo de Tormes.* Anónimo
El secreto de Cristóbal Colón. Luis María Carrero
Pánico en la discoteca. Fernando Uría

Nivel 4

Carnaval en Canarias. FERNANDO URÍA
* *El oro de los sueños.* JOSÉ MARÍA MERINO
* *La tierra del tiempo perdido.* JOSÉ MARÍA MERINO
* *Las lágrimas del sol.* JOSÉ MARÍA MERINO
* *La muerte y otras sorpresas.* MARIO BENEDETTI
* *Letra muerta.* JUAN JOSÉ MILLÁS
* *Sangre y arena.* VICENTE BLASCO IBÁÑEZ

Nivel 5

* *Pepita Jiménez.* JUAN VALERA
* *Aire de Mar en Gádor.* PEDRO SORELA
* *Los santos inocentes.* MIGUEL DELIBES

Nivel 6

* *Los Pazos de Ulloa.* EMILIA PARDO BAZÁN
* *La Celestina.* FERNANDO DE ROJAS
* *El Señor Presidente.* MIGUEL ÁNGEL ASTURIAS

* *Adaptaciones*